U0455776

范文澜

著

正史考略

专题史研究文库

长江出版传媒 崇文书局

图书在版编目（CIP）数据

正史考略 / 范文澜著. -- 武汉 : 崇文书局，2024.
10. --（专题史研究文库）. -- ISBN 978-7-5403-7748
-9

Ⅰ. K207

中国国家版本馆 CIP 数据核字第 2024SZ6833 号

丛书策划　郑小华
项目统筹　何　丹
责任编辑　何　丹
封面设计　甘淑媛
责任校对　董　颖
责任印制　李佳超

正史考略
ZHENGSHI KAOLÜE

出版发行　长江出版传媒｜崇文书局

地　　址　武汉市雄楚大街 268 号 C 座 11 层

电　　话　(027)87679712　邮政编码　430070

印　　刷　湖北新华印务有限公司

开　　本　880㎜×1230㎜　　1/32

印　　张　6.75

字　　数　181 千

版　　次　2024 年 10 月第 1 版

印　　次　2024 年 10 月第 1 次印刷

定　　价　56.00 元

（如发现印装质量问题，影响阅读，由本社负责调换）

目　录

绪　言

《说文》："史，记事者也。从又持中。中，正也。"江氏永《周礼疑义举要》云："凡官府簿书谓之中，故诸官言治中、受中，小司寇断庶民狱讼之中，皆谓簿书，犹今之案卷也。此中字之本义。故掌文书者谓之史，其字从又从中。又者右手，以手持簿书也。吏字事字皆有中字。天有司中星，后世有治中之官，皆取此义。"江氏以中为簿书，足正许君之误。吴氏大澂谓"史象手执简形，古文中作㞢……无作中者"。其说亦是。王氏国维非之，以为"中者盛筴之器，叓字从又持中，义为持书之人，与尹之从又持丨象杖形者同意"。王说详《观堂集林·释史》篇，兹不繁引。文澜愚蒙，窃意中即册之省形，中又㞢之变体。卜辞册字有作䇅者，有作䇅者，两手奉之，示册书繁重之义；叓则仅从一又，示执简侍君，记言记动之义，盖册与中二形以繁省见义，非别有一物象中也。

史官之起，或曰仓颉，夐古茫昧，莫得而详焉。夏殷史官则有太史终古，内史向挚，皆丁季末虐乱之世，抱其图法，归身有道，彼岂轻背宗国哉，王官世守，守之以死，高文典策，诚不忍坐视沦亡而无所托也。洎夫姬周，载籍颇存，读《周礼》而知史职之备，翻经传而知史官之众。六经皆史，固无论矣；战国百家腾跃，各引一端。驰说诸侯，如蛙黾之噪潦岁，洵足以眩耳目而迷源流。然迹其权舆，上者缵史官之遗绪，下亦概乎其尝有闻，是故经若子，皆史也。即以今时史法绳之，至少亦供吾人以若干珍美之史料；若夫孔子所删定，左氏所撰述，苟非后世窜乱，则全部殆属信史。

孔子集三代学术之大成，其最后著作，厥惟《春秋》，故曰"后世知丘者以《春秋》，而罪丘者亦以《春秋》"。盖孔子身不在史官，而秉周公遗法，谋笔削贬损之政，非其愿也；是时周室既微，载籍残阙，仲尼思存前圣之业，以见于后世，舍此末由，又非得已也。孔子《春秋》之作，志在褒讳贬损，本非修史，而古之史法实存其中。王安石讥为断烂朝报，梁任公诧为流水帐簿，此盖以后世史法观之者。窃意离《左传》而读《春秋》，诚恐闭门深思，十年不解；据《左传》而寻《春秋》，则领之在衣，纲之在网，有繁简相系之妙。《说文》："册象其札一长一短，中有二编之形。"卜辞册有作㗊者，盖古代竹简繁重，史官所藏，势必盈屋，猝然欲检先世蓍事，将何措手？故书一事于若干短简，必别立一长策以为标帜，其序次则准时代之后先，如某时无事，亦必标春夏等字，《初学记·文部》引刘歆《七略》曰："《春秋》两家文，或具四时，或否；于古文，无事必具四时。"其事特重者，则于长策上特缀符记，㗊字之↑↑是也。中国书契，相沿用竹，故史官得发明编年之法，成世界最古之年代史，印度用贝叶，欧洲用兽革，皆不便于编年，非必彼愚而我智也。至长策所题，以为标帜者，自必文词极简，且有一定凡例，读之可以知本事善恶之概略，《竹书纪年》出于魏国史官，而书法殊类《春秋》，又诸侯国史，总名《春秋》，其书法当亦相同，所谓"晋之《乘》，鲁之《春秋》，其事一也"者是也。

《春秋》一书，视以为经，自当探研书法，穷究凡例，以逆圣人笔削之志；视以为史，则仅世界最古最简编年史而已。其确示后世以较详史事者，实赖《左氏传》。《左传》体制，本国史之旧法，"观其释经，言见经文而事详传内，或传无而经有，或经阙而传存。其言简而要，其事详而博，信圣人之羽翮，而述者之冠冕也"。《史通·六家》篇。古者左史记言，右史记事，事为《春秋》，言为《尚书》。此《汉书·艺文志》说，《礼记·玉藻》作"动则左史书之，言则右史书之"，与此不同。若《左传》者，虽以记事为本，而记言亦至繁夥，典谟诰誓，后世无作，则《尚书》《春秋》二家，固已让《左传》家独步于史学界矣。又左氏纪一人书一事散见先后传中，始末周备，稍为条辑，即成列传，太史公作《史记》，春秋时事取《左传》者泰半，谓《史记》之一部，蜕化于《左传》，或无不可。

太史公首创纪传体，为史界不祧之太祖，旧史官纪事实而无目的，孔子作《春秋》，时或为目的而牺牲事实，惟迁为兼之。迁书取材于《左传》《国语》《世本》《战国策》《楚汉春秋》等，以十二本纪，十表，八书，三十世家，七十列传，组织而成。其本纪以事系年，取则于《春秋》；其八书详纪政制，蜕形于《尚书》；其十表稽牒作谱，印范于《世本》；其世家列传，既宗雅记，亦采琐语，则《左传》《国语》之遗规也；诸体虽非迁所自创，而迁实集其大成。兼综诸体而调和之，使互相补而各尽其用，此足征迁组织力之强而文章技术之工也。此节取梁任公《中国历史研究法》语，惟补入左传二字凡两处。

自迁书一变而有班固之断代史，刘知幾极尊此体，以为"《汉书》者，究西都之首末，穷刘氏之废兴，包举一代，撰成一书，言皆精练，事甚该密，故学者寻讨，易为其功，自尔迄今，无改斯道"。《六家》篇。郑樵著《通志》痛诋班氏，比之于猪，谓班彪有其业而班固不能读父之书，固为彪之子，既不能保其身，又不能传其业，又不能教其子，为人如此，安在乎言为天下法？范晔、陈寿之徒继踵，率皆轻薄无行，以速罪辜，安在乎笔削而为信史也？《通志总序》。郑氏欲自衒其书，抑班扬马，即以扬己，盖别有肺肠，难与正言，则惟有效公子牟默然良久，告退曰"请待余日更谒子论"

耳。章实斋曰"纪传行之千有余年，学者相承殆如夏葛冬裘，渴饮饥食，无更易矣，然无别识心裁可以传世行远之具……"《文史通义·书教》篇。此言也可谓明且清者矣。

继班书而作者，陈陈相因，了无新制，固为史学一厄，其尤剧者则官修是也，溯自马迁以来，正史之成，或出一人之手，或成一家之学，陈寿，范晔，沈约，萧子显，魏收，暨欧阳修《五代史记》，出于一手者也。司马谈子迁，班彪子固女昭，姚察子思廉，李德林子百药，李大师子延寿，成于一家之学者也。自隋文帝禁私撰国史，《隋书·文帝纪》开皇十三年五月癸亥诏云："人间有撰集国史臧否人物者，皆令禁绝。"唐太宗诏廷臣一十七人以何法盛、臧荣绪一十八家《晋书》再加撰次，称制旨临之，既成题曰御撰，自是国史遂成官书。刘知幾伤之曰："每欲记一事，载一言，皆阁笔相视，含毫不断，故头白可期，汗青无日。"又曰："史官记注，取禀监修，一国三公，适从何在?"《史通·忤时》篇。范淳夫曰："人君观史，宰相监修，欲其直笔，不亦难乎!"《唐鉴》六、《唐会要》六十三：史馆，武德初因隋旧制，隶秘书省著作局。贞观三年闰十二月移史馆于门下省北，宰相监修。朱彝尊《上史馆总裁书》曰："体例犹未见颁，而同馆诸君，纷纷呈列传稿于掌记，馆中供事遂相迫促。"又曰："朝呈一稿焉夕当更，此呈一稿焉彼或异，若筑室于道，聚讼于庭，糠麮杂揉，嵌镵分裂，记述失序，编次不伦，虽欲速而汗青反无日也。"夫修史而视为奉行故事，卤莽灭裂。属草稿如寇盗之至，于是所谓正史者，托克托辈引弓持矢之人，竟司南董之职而修《宋》《辽》《金》三史矣!宋濂、王祎诸人前后十三月而《元史》二百十卷告成矣!纰缪芜杂，爬梳不易，宜乎先识之士为之太息，而史学为之黯黮无光也。

《四库》区分群史，首曰正史，即揉合私修官修之二十四史而成者，次曰编年，曰纪事本末，曰别史，曰杂史，曰诏令奏议，曰传纪，曰史钞，曰载记，曰时令，曰地理，曰职官，曰政书，曰目录，曰史评，凡一十五类而正史为之大本。兹编所述以正史为境域，过此以往，则非日力所及，不复赘述。考四史之名见于《隋志》，至宋而定著十有七；明刊监版，合《宋》《辽》《金》《元》四史为二十有一，清乾隆时增《旧唐书》《旧五代史》《明史》为二十有四。浩兮汗兮，非旦暮所得遍读也。文澜褊陋，未尝学史，然窃观前儒著述，或考源委，或正得失，美言可信，示我周行；窃欲九杂旧闻，缀为一编，他日翻阅正史，此或为其一助云。至于耳目所囿，遗落滋多，琐碎考证，例不具举。大雅君子，傥不我遐弃，幸复有以教正之。

史　记

　　《史记》[1]，一百三十篇[2]，汉太史令司马迁撰[3]。其书上起黄帝[4]，下穷汉武[5]，凡本纪十二[6]，表十[7]，书八[8]，世家三十[9]，列传七十[10]。十篇有录无书[11]，褚少孙等补焉[12]。注家有宋裴骃《集解》[13]，唐司马贞《索隐》[14]，张守节《正义》[15]。

　　〔1〕《史记》之名，在两汉未有以专指《太史公书》者，《三国志·魏文纪》注引《典论自叙》云："余是以少诵诗论，及长而备历五经四部史汉诸子百家之言，靡不毕览。"案此仅以史汉并言，未单标《史记》之目。自《三国·魏志·王肃传》载明帝问王肃，"司马迁以受刑之故，内怀隐切，著《史记》非贬孝武，令人切齿"之语，始以其名为专名。《太史公书》称《史记》者凡七：《周本纪》云："孔子西观周室，论《史记》旧闻。"又云："鲁君子左丘明因孔子《史记》，具论其语，成《左氏春秋》。"《六国表》云："秦既得意，烧天下诗书，诸侯史记尤甚，为其有所刺讥也。"又曰："《史记》独藏周室，以故灭。"《天官书》云："余观《史记》考行事。"《孔子世家》云："乃因鲁《史记》作《春秋》。"《自序》云："紬《史记》石室金匮之书。"皆泛谓古史也。《逸周书》有《史记》篇。至《太史公书》则或称《太史公》一百三十篇刘歆《七略》，《汉书·艺文志》，或称《太史公记》《汉书·杨恽传》，应劭《风俗通》，或称

6

《太史记》《风俗通》，而《自序》则称《太史公书》；《汉书·宣元六王传》，《后汉书·班彪传》略论，王充《论衡》"超奇""案书""对作"等篇，《左传正义》引宋衷《世本注》亦皆称《太史公书》，未有《史记》之目也。《魏志》既名《太史公书》为《史记》，晋荀勖《穆天子传序》，仍称《太史公记》。《抱朴子》犹以《太史公记》与《史记》互称，是《史记》之名，始于魏晋间。《隋书·经籍志》标立史部，遂以《史记》升居部首，自是以后，学者习用此名，不复深究始末。颜师古注《汉书·五行志》谓："此志凡称《史记》者，皆谓司马迁所撰也。"洪颐煊辩其非，详《读书丛录》。刘子玄撰《六家》篇，谓"迁因《鲁史》旧名，目之曰《史记》"；张守节《论史例》谓"古者帝王，右史记言，左史记事，言为《尚书》，事为《春秋》，太史公兼之，故名曰《史记》"，似均不免千虑之一失。

〔2〕太史公《自序》云："凡百三十篇，五十二万六千五百字。"《汉书·艺文志》，《太史公》一百三十篇附《春秋》家后。《隋书·经籍志》史部首列《史记》一百三十卷。卷即篇也。百三十之数，据《自序》称"二十八宿环北辰，三十辐共一毂，运行无穷，辅拂股肱之臣配焉，忠信行道，以奉主上，作三十世家"，似有以三十世家比三十辐之意。司马贞《补史记序》推演其说曰："本纪十二，象岁星之一周；八书有八篇，法天时之八节；十表仿刚柔十日；三十世家比月有三旬；七十列传取悬车之暮齿；百三十篇象闰而成岁。"张守节《正义·论史例》云："作世家三十，象一月三十日，三十辐共一毂；作列传七十，象一行七十二日，言七十者，举全数也，余二日象闰余也，合百三十篇，象一岁十二月及闰余也。"两说不知何本，史公微意，岂其然乎？

〔3〕司马氏之先，为周室太史。汉武建元、元封之间，司马谈官太史令，有子曰迁字子长，以元封三年嗣谈为太史令，《索隐》

引《博物志》"太史令茂陵显武里大夫司马迁年二十八，王国维云：二十八当作三十八。三年六月乙卯除六百石"，可证司马迁父子俱官太史令。

司马氏父子皆官太史令，《自序》本有明文，推书中自称及称其父，皆曰太史公，后人不达，滋为曲说。其实称谈为公，所以尊父，颜师古、司马贞说。称迁为公，所以尊外王父，《孝武本纪》集解引韦昭云："《史记》称迁为太史公者，是外孙杨恽所称。"《汉书》本传谓"杨恽祖述其事，遂传播焉"。既非东方朔所加，《孝武本纪》索隐引桓谭《新论》云："太史公造书，书成，示东方朔，朔为平定，因署其下，太史公者，皆东方朔所加之也。"《文心雕龙·知音》篇："至如君卿唇舌，而谬欲论文，乃称史迁著书，谘东方朔。于是桓谭之徒，相顾嗤笑。"据此，是谭说本于楼护也。亦非司马迁自称，《正义》云"自序书谈及迁为太史公者，皆迁自书之"。尤非上公位在丞相上。《自序》集解引如淳曰："汉仪注：太史公，武帝置，位在丞相上。天下计书，先上太史公，副上丞相，序事如古春秋。迁死后，宣帝以其官为令，行太史公文书而已。"臣瓒、晋灼驳之曰："《百官表》无太史公。"《索隐》引虞喜《志林》调停之，说曰："古者主天官者皆上公，自周至汉，其职转卑，然朝会坐位犹居公上，尊天之道，其官属犹以旧名尊而称公也。"

子长生于景帝中元五年。至武帝元狩元年，年二十四岁。元封三年，继谈为太史令，年三十八岁。四十二岁，与公孙卿、壶遂等改定律历，是岁改元太初。天汉三年，遭李陵之祸，受腐刑，时年四十八岁。太始四年，报益州刺史任安书，年五十三岁。昭帝始元元年，年六十岁。史公卒年，绝不可考，大抵在武帝之末，或昭帝之初。详见王国维《太史公行年考》。

子长作史虽受父谈遗命，《自序》太史公执迁手而泣曰："余为太史而弗论载天下之史，余甚惧焉，汝其念哉。"迁俯首流涕曰："小子不敏，请悉论先人所次旧闻，弗敢阙。"然其专力述作，则在被刑以后。《自序》云："太史公遭李陵之祸，幽于缧绁，乃喟然而叹曰：'是余之罪也夫，是余之罪也夫！身毁不用矣！'退而深惟曰：'夫诗书隐约者，欲遂其志之思也。昔西伯拘羑里演《周易》；孔子厄陈、蔡，作《春秋》；屈原放逐，著《离骚》；左丘失明，厥有《国语》；……此人皆意有所郁结，不得通其道也，故述往事思来者。'于是卒述陶唐以来至于麟止，自黄帝始。"《报任少卿书》曰："仆窃不逊，近自托于无能之辞，网罗天下放失旧闻，考之行事，稽其成败兴坏之理，凡百三十篇，……草创未就，适会此祸，惜其不成，是以就极刑而无愠色。"寻绎文义，知《史记》草创于未被刑以前，而成就于受刑之后也。赵翼《陔馀丛考》云："史迁网罗旧闻，仅编辑成书未及校勘，是以尚多疏误。"

《史记》太史公曰云云者，此其断语也。班固改称赞；陈寿改称评；范晔改称论，而又系赞，论为散文，赞为四言诗；沈约《宋书》改论为史臣曰；萧子显《南齐书》，姚思廉《梁》《陈》二书，魏收《北魏书》，令狐德棻《北周书》及《晋书》《隋书》《旧唐书》并同。《新五代史》论，直起不加标题，而辄以呜呼二字引其端，此皆名目之不同者也。有论无赞者：《宋书》，《梁书》，《陈书》，《北魏书》，《北周书》，《隋书》，《南》《北》史，《新唐书》，《五代史》，《宋》《辽》《金》三史也。论赞并用者：《晋书》，《南齐书》，《旧唐书》，而《南齐书》志亦有赞。《宋》《辽》二史，本纪称赞，列传称论，则变之尤者。《元史》全部皆无论赞，则几不足以为史矣。要总未有能出《史记》之范围者。王鸣盛《十七史商榷》。

〔4〕《自序》云："于是卒述陶唐以来，至于麟止，自黄帝始。"《索隐》云："《史记》以黄帝为首，而云述陶唐者，案《五帝本纪赞》云，五帝尚矣，然《尚书》载尧以来，而百家言黄帝，其文不雅纯，《五帝本纪》作其言不雅驯。故述为本纪之首，而以《尚书》雅正，故称起于陶唐也。"

〔5〕《史记》究讫于何年，实不易知，兹先列武帝年号于下以资寻览。

建元——凡六年

元光——凡六年

元朔——凡六年

元狩——凡六年　　《自序》云："至于麟止。"《后汉书·班彪

9

传》云:"上自黄帝,下讫获麟。"元狩元年获麟。太始二年西登陇首又获麟。《后汉书·班彪传》章怀注云:"迁作《史记》,绝笔于此也。"案武帝虽获麟二次,然是年改元。史公当以此为正。

元鼎——凡六年

元封——凡六年 《集解》云:"骃案《年表》鲁哀公十四年获麟,至汉元封元年三百七十一年。"《高帝功臣年表》每帝一格,至末一格则云"建元元年至元封六年三十六",又云"太初元年尽后元二年十八"。

太初——凡四年 《自序》云:"余述历黄帝以来至太初而讫,百三十篇。"《汉兴以来诸侯年表》《建元以来王子侯者年表》皆讫太初四年。《班固传》:"太初以后阙而不录。"

天汉——凡四年 《汉书》本传赞云:"讫于大汉。"大汉是天汉之误。

太始——凡四年 《报任少卿书》在太始末。

征和——凡四年 《曹参世家》末言参之五世孙宗,以征和二年坐太子死。

后元——凡二年

太史公作《史记》,以绍述仲尼自任,故《自序》云:"先人有言,自周公卒五百岁而有孔子,孔子卒后至于今五百岁,有能绍明世,正《易传》,继《春秋》,本诗书礼乐之际,意在斯乎!意在斯乎!小子何敢让焉!"《春秋》绝笔获麟,史公作史,亦适值获麟之事,其纪事止于元狩元年,自无疑义。惟太初改历,实行孔子夏时之志,是史公一大事业,故《自序》末缀太史公曰:"余述历黄帝以来至太初而讫,《艺文志》有《黄帝五家历》三十三卷。百三十篇。"自元狩至太初犹《左氏春秋》获麟以后至孔子卒,有补经也。太初以后事,则犹《左氏》之有续传也。史公自言继《春秋》而论次其文,

10

其叙事又多本《左氏》传，则言讫麟止，讫太初，讫后元二年《高帝功臣年表》，皆有所本，不足怪矣。赵翼《廿二史札记》云："元封二年，初为太史令，元封二年至天汉二年遭李陵之祸，已十年。自天汉二年至征和二年，赵氏以为《报任安书》在征和二年。又阅八年。统计迁作《史记》前后共十八年，况安死后，迁尚未亡，必更有删订改削之功，盖书之成凡二十余年也。"

自迁综古今为书，至梁武帝敕群臣撰《通史》六百二十卷，上自太初，下终齐室。元魏济阴王晖业著《科录》二百七十卷，其断限亦起自上古，终于宋年，惟《科录》取其行事尤相似者，共为一科，其体小异。二书俱不传。郑樵《通志》又准梁武《通史》而为之。皆《史记》之支派也。

〔6〕《史记》本纪凡十二，列之如下：

① 五帝本纪　　② 夏本纪　　　③ 殷本纪
④ 周本纪　　　⑤ 秦本纪　　　⑥ 始皇本纪
⑦ 项羽本纪　　⑧ 高帝本纪　　⑨ 吕太后本纪
⑩ 孝文本纪　　⑪ 孝景本纪　　⑫ 今上本纪

《正义》引裴松之《史目》云："天子曰本纪，本者系其本系，故曰本；纪者理也，统理众事，系之年月，名之曰纪。"《史通·本纪》篇云："盖纪之为体，犹《春秋》之经，系日月以成岁时，书君上以显国统。"据此，知本纪十二，实效法《春秋》十二公而作。《文心雕龙·史传》篇谓其取式《吕览》，非笃论矣。至本纪之名，亦有所出。《大宛传赞》云："《禹本纪》言，河出昆仑，高五百里。"又云："《禹本纪》及《山海经》所有怪物，予不敢言之也。"班叔皮《史记略论》颇似谓本纪世家列传诸体，皆自迁创者，未可据以为信也。左丘明传《春秋》，编年史之祖也；司马迁著《史记》，纪传史之祖也。《史通·二体》篇评之曰："《史记》者，纪以包举大端，传以委曲细事，表以谱列年爵，志以总括遗漏，逮于天文地理国典朝章，显隐必该，洪纤靡失，此其所以为长也。若乃同为一事，分在数篇，继续相离，前后屡出，于《高纪》则云语在《项传》，于《项传》则云事具《高纪》；又编次同类，不求年月，后生而擢居首帙，先辈而抑归末章，遂使汉之贾谊，将楚屈原同列，鲁之曹沫，与燕荆轲并编，此其所以为短也。"赵翼《廿二史札记》曰："古者左史记言，右史记事，言为《尚书》，事为《春秋》，其后沿为编年纪事二种。记事者以一篇记一事，而不能统贯一代之全；编年者又不能即一人而各见其本末。司马迁参酌古今，发凡起例，创为全史，本纪以序帝王，世家以记侯国，十表以系时事，八书以详制度，列传以志人物，然后一代君臣政事贤否得失，总汇于一篇之中，自此例一定，历代作史者，遂不能出其范围，信史家之极则也。"

朱一新《无邪堂答问》曰："义帝如韩林儿，政非己出，不可立纪；项羽曾宰天下，诸侯听命，自当立纪。《史通》之所讥非也；近人曲为之说，亦非也。汉诸王及萧、曹等皆有土有民，即古诸侯，故作世家，陈涉亦然。《汉书》断代为史，故不用通史之例，此事理之显然者，无庸曲说。惟秦先世立纪，颇失界限，然不如是则先后参差，不得不为变例。魏收作《魏书》，即承用之。"

〔7〕《史记》表凡十，列如下：

①三代世表	②十二诸侯年表
③六国年表	④秦楚之际月表
⑤汉兴以来诸侯年表	⑥高祖功臣侯者年表
⑦惠景间侯者年表	⑧建元以来侯者年表
⑨王子侯者年表	⑩汉兴以来将相名臣年表

《三代世表序》云："余读《谍记》，黄帝以来各有年数，稽其

历谱谍终始五德之传，古文咸不同，乖异。"《十二诸侯年表序》云："读《春秋历谱谍》。"《汉书·艺文志》历谱家有《汉元殷周谍历》十七卷，《帝王诸侯世谱》二十卷，《古来帝王年谱》五卷。《梁书·刘杳传》云："王僧孺被敕 《南史》作使撰谱，访杳血脉所因。杳云：桓谭《新论》'太史《三代世表》旁行邪上，并效《周谱》。'以此而推，当起周代。"皆足证《史记》年表之有本。《史通·杂说》篇云，观太史公之创表也，燕越万里，而经寸之中，雁行有序，使读者举目可详。子玄推重年表若此，而《表历》篇讥为烦费，殆非确论。

〔8〕《史记》八书如下：

①礼书	②乐书	③律书
④历书	⑤天官书	⑥封禅书
⑦河渠书	⑧平准书	

史迁创制八书，朝章国典，于焉备录，《史通·书志》篇所谓"语其通博，信作者之渊海"是也。八书之名，本于《尚书》。八书之作，则取《尚书》之《尧典》《禹贡》。案《尧典》《禹贡》本后世史官所记，略去小事，综括大典，追述而成。故如"乃命羲和，钦若昊天，历象日月星辰，敬授人时，……以闰月定四时成岁"一节，即《律书》《律书》末太史公曰：在璇玑玉衡以齐七政，……《历书》《天官书》钱大昕以为当是取甘石《星经》为之，见《潜研堂文集》，不可信。甘氏石氏见《汉书·天文志》及《法言·五百》篇。所由昉也。太史公世主天官，又躬与太初改历之事，故言之特详。"岁二月东巡狩……车服以庸"一节，《封禅书》所由昉也。"帝曰，咨四岳，有能典朕三礼，……直哉惟清"，《礼书》所由昉也。"帝曰夔，命汝典乐……百兽率舞"，《乐书》所由昉也。"食哉惟时"，"帝曰弃，黎民阻饥，汝后稷，播时百谷"，《平准书》所由昉也。《禹贡》一篇，《河渠书》所由昉也。惟《礼

书》张晏曰"亡"。司马贞曰"取荀卿《礼论》"。《乐书》张晏曰"亡"。司马贞曰"取《礼记·乐记》"。《律书》张晏曰"兵书亡"。颜师古曰"序目本无兵书，张云亡失，此说非也"。刘奉世曰"兵书即律书，盖当时有尔"。王先谦曰"如颜所驳，缺者不足十篇，前人皆谓《律书》即《兵书》。当从之"。三篇，迁没之后即已亡失，例以其余五书，则昉自《尧典》之说，或无讥也。

〔9〕《史记》三十世家，其目如下：

①吴世家	②齐太公世家	③周公世家
④燕世家	⑤管蔡世家	⑥陈杞世家
⑦卫世家	⑧宋世家	⑨晋世家
⑩楚世家	⑪越王勾践世家	⑫郑世家
⑬赵世家	⑭魏世家	⑮韩世家
⑯田敬仲完世家	⑰孔子世家	⑱陈涉世家
⑲外戚世家	⑳楚元王世家	㉑荆燕世家
㉒齐悼惠王世家	㉓萧相国世家	㉔曹相国世家
㉕留侯世家	㉖陈丞相世家	㉗绛侯世家
㉘梁孝王世家	㉙五宗世家	㉚三王世家

《史记·卫世家赞》"余读世家言……"是古来本有世家一体，迁用之以记王侯诸国，非自创也。班彪续《史记》不为世家，故《汉书》尽改为列传。传者，传一人之生平也。王侯开国，子孙世袭，故称世家，今改作传而其子孙嗣爵者又不能不附其后，究非体矣。然自《汉书》定例后，历代因之，《晋书》于僭伪诸国数代相传者，不曰世家而曰载记，盖以刘、石、苻、姚诸君有称大号者，不得以侯国例之也。欧阳修《五代史》则于吴、南唐、前蜀、后蜀、南汉、北汉、楚、吴越、闽、南平，皆称世家。《宋史》因之亦作《十国世家》。《辽史》于高丽、西夏则又变其名曰《外记》。《廿二史札记》。

14

〔10〕《史记》列传七十，其以种类为标题者凡九。又自序一篇，在列传后，汉以前序书之例然也。

①循吏　　②儒林　　③酷吏　　④游侠

⑤佞幸　　⑥滑稽　　⑦日者　　⑧龟策

⑨货殖　　⑩自序

又列传记外国事者，有：

①匈奴　　②南越　　③东越　　④朝鲜

⑤西南夷　⑥大宛

《史通·列传》篇云"纪传之兴，肇于《史》《汉》。盖纪者编年也，传者列事也。编年者历代帝王之岁月，犹春秋之经；列事者录人臣之行状，犹《春秋》之传。《春秋》则传以解经，《史》《汉》则传以释纪。"案《史记》体例，俱有所本，纪传取法《春秋》经传，子玄之言甚是。惟列传之名，不知何本。《索隐》："列传者，谓叙列人臣事迹，令可传于后世，故曰列传。"《正义》："其人行迹可序列，故曰列传。"晋太康中，汲冢得《穆天子传》一卷，是战国史官固有专为一人作传之例矣。《伯夷列传》有"其传曰"，是古有伯夷、叔齐传。

列传第七十为太史公自序，颜师古《匡谬正俗》曰："司马子长撰《史记》，其自叙一篇，总历自道作书本意。篇别皆有引辞云'为此事作某本纪''为此事作某年表''为此事作某书''为此事作某世家''为此事作某列传'，子长此意，盖欲比拟《尚书》叙目，即孔安国所云'书序，序所以为作者之意'也。扬子云著《法言》，其本传亦传《法言》之目篇，篇皆引辞云'撰某篇'，亦其义也。及班孟坚为《汉书》，亦放其意，于《序传》内又历道之，而谦不敢自谓作者，避于拟圣，故改作为述，然叙致之体，与马扬不殊。后人不详，乃谓班书本赞之外，别更为覆述，重申褒贬，有所叹咏。挚虞撰《流别集》，全取孟坚书序为一卷，谓汉述已失其意，而范蔚宗、沈休文之徒撰史者，详论之外，别为一首华文丽句，标举得失，谓之为赞，自以取则班马，不其惑欤，刘轨思《文心雕龙》虽略晓其意而言之未尽。"此云刘轨思《文心雕龙》当是刘勰之误。赵翼《廿二史札记》曰："古书凡记事立论及解经者皆谓之传，说见《陔馀丛考》。其专记一人为一传者，则自迁始。又于传之中，分公卿将相为列传，其儒林、循吏、酷吏、刺客、游侠、佞幸、滑稽、日者、龟策、货殖等，又别立名目，以类相从。自后作史者，各就一朝所有人物传之，固不必尽拘迁史旧名也。"

赵氏又曰："《史记》列传次序，盖成一篇即编入一篇，不待撰成全书后重为排比。故《李广传》后，忽列《匈奴传》，下又列《卫青霍去病传》。朝臣与外夷相次，已属不伦，然此犹曰诸臣事皆与匈奴相涉也。《公孙弘传》后忽列南越、东越、朝鲜、西南夷等传，下又列《司马相如传》，相如之下，又列《淮南衡山王传》。《循吏》后忽列《汲黯郑当时传》，《儒林》《酷吏》后又忽入《大宛传》，其次第皆无意义，可知其随得随编也。"案列传七十之数，见于《自序》，当非偶然，随得随编之说，未知果可信否。

〔11〕《汉书·艺文志》春秋家有《太史公》一百三十篇，自注云："十篇有录无书。"《司马迁传》云："十篇缺，有录无书。"注引张晏曰："迁没之后，亡《景纪》《武纪》《礼书》《乐书》《兵书》《汉兴以来将相年表》《日者列传》《三王世家》《龟策列传》《傅靳列传》，元成之间，褚先生补缺，作《武帝纪》《三王世家》《龟策》《日者传》，言辞鄙陋，非迁本意也。"王鸣盛以为"《汉书》所谓十篇有录无书者，今惟《武纪》灼然全亡，《三王世家》《日者》《龟策传》为未成之笔，但可云阙，不可云亡，其余皆不见所亡何文"。说详《十七史商榷》。赵翼以为："史公自叙十二本纪，八书，三十世

16

家,七十列传,共百三十篇,五十二万六千五百字,是史公已订成全书,其十篇之缺,乃后人所遗失,非史公未及成而有待于后人补之也。班固作迁传,但云'十篇有录无书',而不言少孙所补,然班书内燕王旦等封策及平阳公主以卫青为夫等事,皆采少孙语入列传,则知少孙所补,久附《史记》并传矣。"说见《廿二史札记》。

《三国志·王肃传》云:"武帝闻其述《史记》,取孝景及己本纪览之,于是大怒,削而投之,于今此纪有录无书。"《史记集解》引卫宏《汉旧仪注》云:"太史公作景帝本纪,极言其短及武帝过,武帝怒而削去,后坐举李陵,陵降匈奴,故下太史公蚕室,有怨言,下狱死。"案两说皆无稽之谈,不足为据,姑附于此。

〔12〕《汉书·司马迁传》云:"迁既死后,其书稍出,宣帝时,迁外孙平通侯杨恽祖述其书,遂宣布焉。"《后汉书·班彪传》云:"武帝时司马迁著《史记》,自太初以后,阙而不录,后好事者颇或缀集时事,然多鄙俗,不足以踵继其书。"章怀注云:"好事者谓杨雄、刘歆、阳城衡、褚少孙、史孝山之徒也。"补缀《史记》者既有多人,而少孙所补,又不仅十篇。如:

《外戚世家》增尹邢二夫人相避不见,钩弋夫人赐死,卫青尚平阳公主事。

《田仁传》增仁与任安互相举荐事。

《张苍申屠嘉传》增记征和以后为相诸人。

以上诸条今《史记》内各有"褚先生曰"以别之。其无"褚先生曰"者,则于正文之下另空一字为识别。此少孙所补,显然可见者也。其有不知为何人所窜入者,如:

《楚元王世家》叙其子孙至宣帝地节者。

《齐悼惠王世家》叙朱虚侯子孙至成帝建始三年者。

《匈奴列传》记李广利降匈奴事错误。

《扁鹊传》抄入《苍公传》。

《田儋传赞》忽言蒯通辩士，著书八十一篇，与儋无涉。

《司马相如传赞》引杨雄语。

总之《史记》多有后人窜入之语，惟如崔适《史记探源》所云云，则未必若此其剧也。

《后汉书·杨终传》云："后受诏删《太史公书》为十余万言。"周寿昌《两汉书注补正》云："《隋书·经籍志》，卫飒《史要》十卷，约《史记》要言，以类相从。"飒当建武时，终在显宗建初间，又后于飒。又应奉《汉事》十七卷，亦云删《史记》《汉书》及《汉记》，则史公书在东汉屡被删削，然世所行原书也。据此知《史记》因有后人窜入之文，故杨终诸人删其繁冗，取便阅览，于史公原书无损也。

〔13〕裴骃，松之之子，宋南中郎参军，注司马迁《史记》行于世。骃以徐广《音义》广撰《史记音义》粗有发明，殊恨省略，乃采九经诸史并《汉书音义》及众书之目而为《集解》。其所引之书，多先儒旧说，为后世所失传者，张守节《正义》尝备述其引书目次。大抵裴注于《尚书》则引郑玄、马融、王肃注，不但引伪孔安国；于《左传》则引贾逵、郑众、服虔注，不但引杜预；于《穀梁传》则引麋信注，不但引范宁；于《国语》则引贾逵、唐固注，不但引韦昭；于《孟子》则引刘熙注，不但引赵岐；于《战国策》则引綦毋邃、孙检注，不但引高诱。又引《尚书大传》、《韩诗章句》、《司马法》、《孙子兵法》、《尸子》、《鲁连书》、《皇览》、《楚汉春秋》、茅盈《内纪》、刘向《别录》、谯周《古史考》、皇甫谧《帝王世纪》，及宋衷《世本注》、左思《齐都赋注》、王肃《礼记注》诸书，今皆亡，籍其采用，存千百之一二，亦为有功。

裴注上半部颇有可观，其下半部则简略，甚至连数纸不注一字，世家自陈涉以下，列传自张耳、陈馀以下，裴于徐广旧注外，但袭取服虔《汉书注》，晋灼、臣瓒及蔡谟《汉书音义》，裴所自为者，十无一二。然司马贞与张守节皆推重此书，为之敷阐义训，间存疏证，后人合为一书，转于《集解》妄有删节，监本尤多讹误，今唯汲古阁毛氏本犹存《集解》原书之旧，取校监本，脱误甚多。详见邵晋涵《南江书录》。

〔14〕《索隐》凡三十卷。前二十八卷贞采徐广、裴骃、邹诞生、刘伯庄刘伯庄有《史记地名》二十卷旧注，兼下己意，按文生义。自序一篇附于末。其二十九卷及三十卷之上半卷，则贞嫌元本述赞未善，而重为一百三十篇之赞，下半卷则补序一篇，自述其补之之由。又逐段论其改删升降之意。详见《十七史商榷》。

〔15〕《史记正义》三十卷，唐张守节撰。守节自言涉学三十余年，六籍九流地理苍雅，锐心观采，盖积一生精力为之，故能通裴骃之训辞，折司马贞之同异，题曰《正义》，殆欲与五经正义并传。自明监本多所节删，失其本旨，坊刻本互有增损，辗转舛讹，唯震泽王氏所刻称为足本。今取监本与王氏本对勘，则监本之脱误，殆不可枚举。虽讹字衍字，王本时亦不免，而求《正义》之全文，不能无取资于是焉。详见《南江书录》。

高似孙《史略》附诸儒《史记》议：

班彪（《后汉书·班彪传》）：太史令司马迁采《左氏》《国语》，删《世本》《战国策》，据楚汉列国事，上自黄帝，下讫获麟，作本纪、世家、列传、书、表凡百三十篇，而十篇缺焉。……然善述序事理，辩而不华，质而不俚，文质相称，盖良史之才也。……司马迁序帝王则曰本纪，留侯传国则曰世家，卿士特起则曰列传，又进项羽、陈涉、淮南、衡山，细意委曲，条例不经。若迁之著作，采获古今，贯穿经传，至广博也。一人之精，文重思烦，故其书刊落不尽，尚有盈辞，多不齐一。若序司马相如，举郡县著其字，至萧、曹、陈平之属，及董仲舒并时之人，不记其字，或县而不郡者，盖不暇也。今此后篇慎核其事，整齐其文，不为世家，唯传记而已。

班固《汉书·司马迁传赞》：自刘向、杨雄博极群书，皆称迁有良史之材，服其善序事理，辩而不华，质而不俚，其文直，其事核，不虚美，不隐恶，故谓之实录。

《晋书·张辅传》：司马迁之著述，辞约而事举，叙三千年事，唯五十万言，班固叙二百年事，乃八十万言：烦省不同，不如迁一也。良史述事，善足以奖励，恶足以鉴戒，人道之常，中流小事，亦无取焉，而班皆书之，不如迁二也。讳贬晁错，伤忠臣之道，不如迁三也。迁既造创，固又因循，难易益不同矣；又迁为苏秦、张仪、范雎、蔡泽作传，逞辞流离，亦足以明其大才，故述辩士则藻辞华靡，叙实则隐核名检，此所以迁称良史也。

《抱朴子》：迁发愤作《史记》，其以伯夷居列传之首，以其善而无报也。为《项羽本纪》，以据高位者，非关有德也。及其叙屈原、贾谊，辞旨抑扬，恶事不避，亦一代之伟才。

汉　书

　　《汉书》[1]，一百篇[2]，班固撰[3]。断自高祖，终于王莽[4]，凡十二纪[5]，八表[6]，十志[7]，七十列传[8]。八表及《天文志》未竟而固卒，曹大家、马续等续成之[9]。唐颜师古注[10]。

　　〔1〕《叙传》云："探纂前记，缀辑所闻，以述《汉书》。为春秋考纪，李贤注《后书》引《前书音义》曰：春秋考纪谓帝纪也。言考核时事，具四时以立言，如《春秋》之经。表，志，传凡百篇。"又述《叙传》曰："凡《汉书》。"观此知《汉书》之名，班固所自定也。《金楼子·聚书篇》云："又使孔昂写得《前汉》《后汉》《史记》《三国志》。"《汉书》加前字始见于此。
　　〔2〕孟坚撰书凡百篇，后人分为一百二十卷。帝纪十三卷，表十卷，志十八卷，列传七十九卷。卢文弨《读史札记》云："唐以前人于古书卷目，往往不敢轻改，如《汉书》本一百卷——十二纪，八表，十志，七十传是也。——师古注之，则其文繁矣。或析为二为三为五，分计之当为一百二十卷，而颜氏并不改百卷之旧，一卷之中，只以上中下别之。《五行志》分为'《五行志》上'，'《五行志》中之上'，'中之下'，'下之上'，'下之下'。又如《严朱吾丘主父徐严终王贾传》既分为上下二篇，上卷只当题'严吾丘主父徐传'，下卷只当题'严终王贾传'，而师古惧失其旧，不敢少有纷更，在

21

今人则笑以为拙矣。"

〔3〕《史记》所书，年止汉武，太初以后，阙而不录。其后刘向，向子歆，及诸好事者若冯商见《艺文志》、卫衡李贤注作阳城衡，殆即卫衡、杨雄、史岑、梁审、肆仁、晋冯、段肃《班固集》作殷肃，固本传作殷肃、金丹、冯衍、韦融、萧奋、刘恂等相次撰续，迄于哀平间，大率皆称《续太史公》。至建武中司徒掾班彪以为其言鄙俗，不足以踵前史；又歆、雄褒美伪新，误后惑众，不当垂之后代者也。于是采其旧事，旁贯异闻，作《后传》六十五篇，其子固以父所撰未尽一家，乃起元高皇，终乎王莽，十有二世二百三十年，综其行事，上下通洽，为《汉书》纪表志传凡百篇。其事未毕，会有上书云固改作国史者，有诏京兆收系，悉录家书封上。固弟超诣阙自陈。明帝引见，言固续父所作，不敢改易旧书。帝意乃解。即出固征诣校书，受诏卒业，经二十余载，至章帝建初中乃成。《史通·正史》篇谓："固后坐窦氏事卒于洛阳狱，书颇散乱，莫能综理，其妹曹大家博学能属文，奉诏校叙；又选高才郎马融等十人，从大家受读，其八表及《天文志》等犹未克成，多是待诏东观马续所作。"固本传谓"固自永平中始受诏，潜精积思，二十余年，至建初中乃成，当世甚重其书，学者莫不讽诵焉"。范蔚宗论曰："司马迁、班固父子，其言史官载籍之作，大义粲然著矣。议者咸称二子有良史之才，迁文直而事核，固文赡而事详，若固之序事，不激诡，不抑抗，赡而不秽，详而有体，使读之者亹亹而不厌，信哉其能成名也。"赞又谓"比良迁、董司马迁及董狐、兼丽卿、云司马长卿、杨子云"。蔚宗推重《汉书》可谓至矣。乃嫉妒之徒，飞短流长，竟谓其受金攘父。颜之推《北史·柳虬传》、刘知幾并有此说。案《文心雕龙·史传》篇云："征贿鬻笔之愆，公理仲长统字辨之究矣。"仲长统《昌言》，惜已亡佚，然孟坚之冤，藉此得雪。《周书·柳虬传》："虬上疏言

'汉魏以还，密为记注，无益当时；纵能直笔，人莫之知，何止物兴横议，亦且异端互起。故班固致受金之名，陈寿有求米之论'。"是蚋亦知班、陈之冤矣。刘子玄不察虚实，妄加奸贼凶人之恶名，卤莽之甚。子玄说见《史通·曲笔》篇。考韦贤、翟方进、元后三传赞语，俱称"司徒掾班彪曰"。颜师古注发例于《韦贤传》曰："《汉书》诸赞，皆固所为，其有叔皮先论述者，固亦显以示后人，而或者谓固窃盗父名，观此可以免矣。"颜氏之说明白若此。又案《元帝纪赞》曰："臣外祖兄弟为元帝侍中，语臣曰……"《成帝纪赞》曰："臣之姑充后宫为婕妤，父子昆弟侍帷幄。数为臣言……"应劭注曰："元、成帝纪皆班固父彪所作，臣则彪自说也。"如孟坚真欲窃盗父书，何以不改叔皮之言乎？《意林》引傅玄《傅子》："班固《汉书》因父得成，遂没，不言彪，殊异迁也。"又竟有谓《汉书》全取刘歆者。《西京杂记序》云家有刘子骏《汉书》一百卷，无首尾题目，但以甲乙丙丁纪其卷数，先人传之于歆，欲撰《汉书》，编录汉事，未得缔构而亡，故书无宗本，但杂记而已。试以考校班固所作，殆全取刘书，有小异同耳。其所不取者二万许言，今钞出为二卷，名曰《西京杂记》。又复有以其他文不相及而疑《汉书》非自作者。《意林》《史通》引《傅子》："吾观班固《汉书》，论国体则饰主阙而抑忠臣，叙世教则贵取容而贱直节，述时务则谨辞章而略事实，非良史也。"《容斋随笔》曰："班固著《汉书》，制作之工，如英茎咸韶，后之为史者莫能及其仿佛，可谓尽善矣。然至《后汉》中所载固之文章，断然如出两手。观《谢夷吾传》云第五伦为司徒，使固作奏荐之，其辞至有'才兼四科，行包九德'之语，其他比喻，引稷、契、咎繇、傅说、伊、吕、周、召、管、晏，此为一人之身，而唐、虞、商、周圣贤之盛者，皆无以过，而夷吾乃在《方术传》中，所学者风角占候而已，固之言无乃太过欤?"又《史通·核才》篇引傅玄之言曰："孟坚《汉书》实命世奇作，及与陈宗、尹敏、杜抚、马严撰中兴纪传，其文曾不足观，岂拘于时乎，何不类之甚也。"其实皆曲学之辩，无损于孟坚，须知古人著书，不以因袭为嫌。《廿二史札记》云，"《汉书》武帝以前纪传多用《史记》文，而即以为己作，未尝自记引用史迁云云。所引《过秦论》及《战国策》、陆贾《新语》之文，亦即以为己作，未尝自言引用某人，盖古人著述往往如此，不以抄袭为嫌也。"

择善而用，何必强事更张。潜精积思，二十年之久，始能成书，书成而当时学者莫不讽诵，绝无讥议之者，乃后人忽加弹论于千百载之下，徒见其无知谬妄耳。郑樵《通志序》诋孟坚尤无义理。《论衡·超奇》篇："班叔皮续太史公书百篇以上，记事详悉，义浅理备，观读之者以为甲而太史公乙，子男孟坚为尚书郎，文比叔皮，非徒五百里也，乃夫周召鲁卫之谓也。"《佚文》篇："班叔皮续《太史公书》，载乡里人以为恶戒，邪人枉道，绳墨所弹，安得避讳。叔皮不为恩挠，文人之笔，独已公矣。"据此，叔皮书存直笔，而孟坚又能绍述父志，仲任好讥诃世人，而论班氏父子如此，后世哓哓者何为乎？

《汉书》武帝以前，纪、传、表多用《史记》文，其所撰述，不过昭、宣、元、成、哀、平、王莽七朝君臣事迹，且有史迁创例于前，宜其成之易易，乃考其始末，凡经四人手，阅三四十年始成完书，然后知其订之密也。《廿二史札记》。

〔4〕《汉书》为断代之史，自班固创此新体，后世正史，莫不奉为程式。《史通·六家》篇曰："考兹六家，商榷千载，盖史之流品，亦穷之于此矣。而朴散淳销，时移世异，《尚书》等四家《尚书》《春秋》《国语》《史记》其体久废，所可祖述者，唯《左氏》及《汉书》二家而已。"案中国自汉以下，政尚专制，忌讳滋多，本朝之人必不敢指斥本朝，以速罪戾，班氏史体，最合著述家之心理，盖记前朝之事，危疑较少，讥弹政事，臧否人物，均视在当代为自由，《汉书》家独盛于后世，即此故也。

〔5〕《史记》称本纪，《汉书》单用纪字，颜师古曰："纪，理也，统理众事而系之于年月者也。"案班彪论《史记》曰："今此后篇，慎核其事，整齐其文，不为世家，唯纪传而已。"《汉书》改本纪为纪，盖承班彪而为之。改世家为列传，亦承彪书体例。《汉书》于《惠纪》后，始为高后立纪，视《史记·高祖本纪》后，继以《吕后本

纪》，孝惠在位七年竟不得书者，体例精善矣。

〔6〕八表据《后汉书》云"班昭所续成"，殆未必然，说详下节。

①异姓诸侯王表王先谦曰：此表全仿《史记·秦楚之际月表》例，而增列一统后年数，特月表始秦二世元年，此始汉元年为异耳。

②诸侯王表刘氏为诸侯王者。

③王子侯表诸侯王推私恩分子弟邑者。

④高惠高后文功臣表

⑤景武昭宣元成哀功臣表

⑥外戚恩泽侯表

⑦百官公卿表

⑧古今人表《廿二史考异》云："《古今人表》注：'师古曰，但次古人而不表今人者，其书未毕故也。'予谓今人不可表，表古人以为今人之鉴，神知贵贱止乎一时，贤否著乎万世，失德者虽贵必黜，修善者虽贱犹荣，后有作者继此而表之，虽百世可知也。观孟坚序但云'究极经传，总备古今之略要'，初不云褒贬当代，则知此表首尾完具，小颜所云，盖未喻孟坚之旨。"

〔7〕班书十志犹《史记》之八书也，十志者：

①律历　②礼乐　③刑法　④食货　⑤郊祀
⑥天文　⑦五行　⑧地理　⑨沟洫　⑩艺文

王鸣盛《十七史商榷》曰："窃谓十志先后颠倒，叙次错杂，殊属无理。愚见当改为①天文②五行③律历④地理⑤沟洫⑥食货⑦礼乐⑧郊祀⑨刑法⑩艺文。"案王说是也。兹列《史》《汉》书志为表如下：

汉书	史记	附录
①律历志	③律书 ④历书	据《律历志叙》"元始中王莽秉政，欲耀名誉，征天下通知钟律者百余人，使羲和刘歆等典领条奏，言之最详，故删其伪辞，取正义著于篇"。是《律历志》本于刘歆也。

续表

汉书	史记	附录
②礼乐志	①礼书 ②乐书	采贾谊、董仲舒、王吉、刘向四人论奏为多。
③刑法志	律书中有 言兵者	撮举《周礼》井田军赋大略，最为简明。
④食货志	⑧平准书	上卷言食，下卷言货，下卷自武帝以前皆取《平准》原文。
⑤郊祀志	⑥封禅书	武帝以前取《封禅书》文。
⑥天文志	⑤天官书	此志据《续汉志》云"孝明帝使班固叙《汉书》而马续述《天文志》"。
⑦五行志	无	首引"经曰"，即《尚书·洪范》文也。次引"传曰"，伏生《洪范五行传》也。又次引"说曰"，是欧阳、大小夏侯等说也，以下则多采董仲舒、刘向、歆父子之说以为证。
⑧地理志	无	篇首论古太繁，《禹贡》一篇悉采入。朱一新《无邪堂答问》云："班书多补《史记》之缺，《史记》无《地理志》，故孟坚详述古制以补之，非繁也。"
⑨沟洫志	⑦河渠书	前半篇全取《河渠书》。
⑩艺文志	无	取刘歆《七略》。

〔8〕列传之以种类为标目者，有：

①儒林　　②循吏　　③酷吏　　④货殖

⑤游侠　　⑥佞幸　　⑦外戚

记四夷之传，有：

①匈奴　　②西南夷、南粤、闽粤、朝鲜　　③西域

《史记》为项羽立本纪，以羽在秦汉之间，尝总掌政令也；《汉书》则改称列传，置于七十篇之首。王莽称帝十余年，若在《史记》亦必为立纪，《汉书》则仍称列传。其体在纪传之间，断代史以本代为主，体例不得不然。

往往见人讥《汉书》，不应为范蠡、子贡、白圭诸人立传，以为失于限断，此说非也。《汉书》中如儒林、循吏、酷吏、货殖、游侠等传，皆因事立名，并不可分析属之于某甲某乙也。自后人妄造目录，冠于本书之前，于是罗列姓名，若一一为之专传者，其取去全无义例，遗漏正复不少。《货殖传》可列范蠡、子贡、白圭诸人，《儒林传》之商瞿、桥庇何以不列？田何、杨何亦皆从删削？又如《货殖传》中猗顿用盐盐起，邯郸郭纵以铸冶成业，只此二语，乃目录大书猗顿之名，而郭纵则又不之及；程郑之下尚有罗裒，亦复不著。宁成、周阳由皆酷吏也，乃宁则大书，周则旁注，全然错谬。颜氏注本尚无此，必赵宋始有板印时，一妄庸人所为，以便于翻检耳。乃使古人史法亦从而晦。盖因事名篇，则元元本本称引古昔以为造端，虽《唐书》《宋史》亦曷禁其称述尧舜乎？惟其不专为立传，故夏侯胜既有专传，又见《儒林》；张放已附张汤，又见《佞幸》，亦不可讥之为复出也。欲为《史》《汉》作目录者，但取太史公《自序》、《汉书》序传中所条列者抽出以冠于前，庶乎其可耳。史之有附传也，马班俱不别标姓名，惟范蔚宗始有之，刘知幾所讥"历短行于卷中，丛细目于标外"者是也。考附传之体，或以行可比伦，或以事相首尾，或以先世冠篇，或以子孙殿后。丝牵绳贯，端绪可寻，晋唐以来，率遵是式，然未有既因事类叙，又不预为提明，而遽移乙就甲，强相并合者。《明史·薛斌传》以李

贤附其下，《吴成传》以滕定、金顺附其下，徒以事迹寥落，不屑与为特传故耳，然非史法矣。何不略详于表而删去此传之为愈乎？卢文弨《读史札记》。

〔9〕《后汉书·班固传》云："固自永平明帝年号中始受诏，潜精积思二十余年，至建初章帝年号中乃成。当世甚重其书，学者莫不讽诵焉。"又云："永元和帝永元四年，固死狱中，时年六十一。"读此传知《汉书》之成远在固死之前。且书出而传诵甚广，决无散失之虞。《曹世叔妻传》云："兄固著《汉书》，其八表及《天文志》未及竟而卒，和帝诏昭就东观藏书阁踵而成之。……时《汉书》始出，多未能通者，同郡马融伏于阁下，从昭受读，后又诏融兄续继昭成之。"此传谓"八表及《天文志》未及竟而卒"，"时《汉书》始出，多未能通者"，皆与固传不合，当从固传。《续汉志》谓："孝明帝使班固叙《汉书》，马续述《天文志》。"一若二人同时奉命著书者。然《马严传》附《马援传》下云："严七子，唯续、融知名，续字季则，七岁能通《论语》，十三明《尚书》，十六治《诗》，博观群籍，善九章算术。"未言其奉命述《天文志》也。况班固之死，由于洛阳令种兢之陷害，非有大过固死狱中而诏书谴责兢，抵主者吏罪，何至如《史通》所云"固死狱中，书颇散乱，莫能综理"乎？今以私意度之，《汉书》全出班固之手，惟因学者传诵既广，又未能正读，故孟坚死后，和帝命昭与诸儒校辑于东观，使有一定之本，又使马融从昭受读，使有一定之音，所谓后又诏融兄续继昭成之者，谓继昭教融读也。和帝此举，实有保存《汉书》之功，后人讹传，或以为昭作，或以为马续作，皆未可信。

《南史·刘之遴传》云："梁鄱阳王范得班固《汉书》真本，献昭明太子，太子使之遴及张缵、到溉、陆襄等参校，与今本异者数十处。"又《萧琛传》："琛在宣城有北僧南渡，惟赍一葫芦，中有

《汉书·叙传》。僧曰，三辅耆老相传以为班固真本，琛固求得之。其书多有异今者，文字非隶非篆，琛甚秘之，乃以饷鄱阳王。"案琛所得仅《叙传》，而范所献乃全书，其事已乖戾不可信，况北僧所云三辅耆老相传，尤忽荒无可究诘，其伪明甚。邵晋涵《南江书录》辩之是也。

〔10〕陈振孙《直斋书录解题》云："唐京兆颜师古注。本传称字籀，恐当名籀而以字行也。师古承太子承乾之命，总先儒注解服虔、应劭而下二十余人，删繁补略，裁以己说，遂成一家，世号为班氏忠臣。"

说者谓师古注每有字义音训，重复叠见，核以《史记》《水经》《文选》诸注所引，有明为众人之说，而师古冒之者。又《旧唐书·师古传》云：叔父游秦，撰《汉书决疑》十二卷，为学者所称，师古注《汉书》，多取其义。宋高似孙《史略》谓师古注即因游秦之旧，考《史记索隐》载游秦说十余条，以较师古之注，或小变其词，或直袭为己说。而于《汉书》叙例所采诸家姓氏，略不一及游秦，师古门庭攘善之罪，非巧喙所能辩矣。赵翼《陔馀丛考》云："古人著述，往往有先创者不得名，而集之者反出其上，遂因以擅名者，固不特此二书也。《北史》萧该撰《汉书音义》，又有包恺亦精《汉书》，学者以萧、包二家为宗。《新唐书·姚班传》，祖察，撰《汉书训纂》。后之注《汉书》者，往往窃其文为己说，班乃著《绍训》以发明之。是唐以前注《汉书》者已多，并不止游秦也。师古时又有刘伯庄、刘讷言及秦景通兄弟，皆名家。景通晋陵人，与弟暐俱精《汉书》，时号大秦君、小秦君，学《汉书》者非其所授，以为无法，此又师古同时之精《汉书》者也。"

案师古以前注《汉书》者既有多家，注文或有与之暗合者，自所不免，非必有意窃取也。又古人承袭家学，如遗产然，本身用之无愧，他人不以为嫌，史公《史记》、班固《汉书》，取材于父者甚多，而称父说者至少，即此故也。若以不肖之心妄事揣度，则古之良史，不将下侪白昼攫金之愚夫乎？游秦之书，既流传于当世，师古不著其名，正示其承袭家学之故耳。

　　钱大昕《潜研堂集》曰："问古人引书多误，如王伯厚举《汉·艺文志》'小道可观'，《蔡邕传》'致远则泥'，以子夏之言为孔子；《唐·孔颖达传》'以能问于不能'，以曾子之言为孔子；《论语》非僻书，何以舛谬乃尔？曰：伯厚所举，尚有未尽。《后汉·章帝纪》引'博学而笃志'，王充《论衡》引'死生有命'，亦以子夏之言为孔子；《北史·何妥传》引'仍旧贯，何必改作'，以闵子之言为孔子；刘知幾《史通》引'吾日三省吾身'，'昔者吾友'，以曾子之言为孔子；《论衡》引'纣之不善'，以子贡之言为孔子；《宋书·刘延孙传赞》引'事君数斯疏矣'，称子曰，不称子游，皆是也。然则古人固多误乎？非也。《汉·艺文志》云：'《论语》者，孔子应答弟子及弟子相与言而接闻于夫子之语也。'故汉唐诸儒引用《论语》，虽弟子之言，皆归之孔子。"案钱说甚是。《论语》称孔子之语，如"克己复礼为仁"，据《左传》是古志之言；"惟其言而莫余违"，据《韩非子·难一》是晋平公之言；孔子述而不作，信而好古，《论语》所称，类此者多，岂能疑孔子攘人善言。据上诸证，凡取他人言，不啻若出己口，与夫以弟子之言归之于师，均无不可。然则子弟述父兄语，奈何独訾謷之不遗余力乎？《文史通义·言公》篇可参阅。陆心源《仪顾堂集·宋本〈汉书〉跋》云："右宋板《汉书》一百二十卷，每叶二十行，每行十九字，注二十五字至二十八字不等，修至元统二年止。板心有字数，刊匠姓名。《王贡两龚鲍传序》角里先生句下，师古注曰：'四皓称号本起于此，更无姓名可称，知此盖隐居之人，匿迹远害，不自标显，秘其氏姓，故史传无得而详。至于后代皇甫谧、圈称之徒，及诸地理书说，竞为四人施安姓氏，自相错互，语又不经，班氏不载于书。诸家皆臆说，今并弃略，一无取焉。'凡九十六字，今本全脱。此外字句讹夺，更难枚举，宋本可贵，良有已也。"据此则颜注经后人传抄讹脱者多矣。

后汉书

《后汉书》[1]，九十篇[2]，帝纪十[3]，列传八十[4]。宋范晔撰[5]。十志未成而晔死[6]，梁剡令刘昭取司马彪《续汉书》八志注为三十卷，并于范书[7]，共一百三十卷[8]。唐章怀太子李贤注[9]。

〔1〕范晔《狱中与甥侄书》云："既造《后汉》，转得统绪。"据此言，是《后汉》之名，范所自命。书字亦范自加，盖取与班氏《前汉书》相应，此云《后汉》省文也。范前已有《后汉书》之名，见下〔5〕节。

〔2〕《史通·正史》篇云："宋宣城太守范晔广集学徒，穷览旧籍，删烦补略，作《后汉书》，凡十纪，十志，八十列传，合为百篇。会晔以罪被诛，其十志亦未成而死。"案范氏《狱中自序》云："班氏最有高名，既任情无例，不可甲乙辨。后赞于理近无所得，唯志可推耳。博赡不可及之，整理未必愧也。"蔚宗作《后汉》自负甚盛，《狱中书》云"纪传例为举其大略耳，诸细意甚多，自古体大而思精未有此也"。其体悉仿《前汉》，纪传先成，十志未及编作，久遂亡佚，故范氏原书仅得九十篇。

范书《隋志》载九十七卷，新旧《唐志》则云九十二卷。案此语微误，志云"又一百卷皇太子贤注"。是李贤注本一百卷而非九十二卷也。《宋志》则云九十卷，以十纪八十列传篇各为卷计之，惟《宋志》卷数与今本合。隋唐志所载或多七卷，或多五卷，当由就纪传之繁重者分出子卷，隋所分者，唐又间取而合之，是以卷数不同，实则此书历代相承，纪传具在，盖无亡佚也。王先谦《后汉书集解》述略。

〔3〕帝纪十篇，《光武纪》及《皇后纪》分上下卷，合共十二卷。《史通·列传》篇讥《后汉书》为皇后立纪，王先谦辨之曰："吕后有纪，昉自马班；华峤著《后汉书》，且以皇后配天作合，前史作外戚传以继末编，为非其义，特易为皇后纪以次帝纪，《晋书·华峤传》云，峤以皇后配天作合，前史作外戚传以继篇末，非其义也，故易为皇后纪以次帝纪。则范之后纪，固因而非创。"案吕后临朝称制，《史》《汉》列为本纪，东汉诸帝，多不永年，故外立者四帝安、质、桓、灵，临朝者六后窦、邓、阎、梁、窦、何，例以吕后故事，诚宜称纪。范氏如纪六后而传其余人，则庶乎无讥乎？

〔4〕范书为单人作列传外，复立：

①党锢列传创制

②循吏列传《史》《汉》有

③酷吏列传《史》《汉》有

④宦者列传《史记·佞幸传》不列宦者，《汉书》增入宦者

⑤儒林列传一卷分上下。《史》《汉》有

⑥文苑列传一卷分上下。创制

⑦独行列传创制

⑧方术列传一卷分上下。创制

⑨逸民列传创制

⑩列女列传创制

东汉尚气节，此书创为独行、党锢、逸民三传，表彰幽隐，搜罗殆尽。然史家多分门类，实滥觞于此。夫史以记实，综其人之颠末，是非得失，灼然自见，多立门类奚为乎？名目既分，则人有经

33

纬万端，不名一节者，断难以二字之品题，举其全体；而其人之有隐慝与丛恶者，二字之贬，转不足以蔽其辜。宋人论史者，不量其事之虚实，而轻言褒贬，又不顾其传文之美刺，而争此一二字之名目为升降，辗转相遁，出入无凭，执简互争，腐毫莫断，范氏阶之厉也。然范氏所增《文苑》《列女》诸传，诸史相沿，莫能刊削，盖时风众势，日趋于文，而闺门为风教所系，当备书于简策，故有创而不废也。《儒林》考传经源流，能补前书所未备，范氏承其祖宁之绪论，深有慨于汉学之兴衰，关于教化，推言终始，三致意焉，岂独贾逵、郑康成诸传为能阐其微意哉。邵晋涵《南江书录》。

〔5〕后汉著述，在范前者，自《东观汉记》以下无虑数十家，如：

①《东观汉记》。其始班固、陈宗、尹敏、孟冀作《世祖本纪》，及光武时功臣列传。刘珍、李尤作建武以后至永初间纪传。伏无忌、黄景作《诸王王子功臣恩泽侯表》《南单于西羌传》《地理志》。边韶、崔寔、朱穆、曹寿作《皇后外戚》《儒林传》。寔、寿又与延笃杂作《百官表》，及顺帝功臣列传，共成一百四十篇，号曰《汉记》。其后马日磾、蔡邕、杨彪、卢植著作《东观》，又就纪传之可成者，接续之。详见《史通·正史》篇。《隋志》载一百四十三卷。

②谢承《后汉书》一百三十卷。

③薛莹《后汉纪》一百卷。

④司马彪《续汉书》八十三卷。晋武帝泰始中秘书丞司马彪讨论众书，缀其所闻，起于光武终于孝献，录世十二，编年二百，通综上下，旁贯庶事，为纪表志传凡八十篇，号曰《续汉书》。

⑤华峤《后汉书》九十七卷。峤以《汉记》烦秽，有改作意，起光武终孝献，一百九十五年，为帝纪十二，皇后纪二，典十，传七十，及三谱叙传目录凡九十七卷。改名《汉后书》。诏朝臣会议，

时荀勖、和峤、张华、王济咸以峤文质事核，有迁、固之规，实录之风，藏之秘府。……十典未成，诏子彻踵成之，未竟而卒，诏其少子畅克成之。

⑥谢沈《后汉书》一百二十二卷。

⑦张莹《后汉南记》五十五卷。

⑧袁山松《后汉书》一百卷。

⑨袁宏《后汉纪》三十卷。宏《后汉纪自序》云："暇日掇会《汉纪》，谢承书，司马彪书，华峤书，谢沈书，《汉山阳公记》，汉灵献《起居注》，《汉名臣奏》，及诸郡耆旧先贤传，凡数百卷，多不次叙，始见张璠所撰书，其言汉末之事差详，故复探而益之。"

⑩张璠《后汉纪》三十卷。

⑪袁晔《献帝春秋》十卷。

⑫刘芳《唐志》作刘艾《汉灵献二帝纪》六卷。

⑬乐资《山阳公载记》十卷。

⑭王粲《汉末英雄记》十卷。

⑮侯瑾《汉皇德记》十三卷。

⑯《汉献帝起居注》五卷。以上均见《隋志》。

⑰刘义庆《后汉书》五十八卷。

⑱孔衍《后汉尚书》六卷。

⑲又《后汉春秋》六卷。

⑳张温《后汉尚书》十四卷。以上见新旧《唐志》。

范氏原以《东观记》为本书见《明八王传》首，又广集学徒，穷览旧籍，删烦补略，取资实宏。然进退众家，以成一家之言，笔削所关，谈何容易。王鸣盛推详书法类次，信其悉合班书，则整理之间，弥见良工心苦。乃孔欧孟、章宗源以皇后作纪，及纪传序偶取华书之言，遂谓范书全本华书；赵翼亦谓后汉成书既多，范氏采择自易，斯不然矣。《史通》尝谓言汉中兴史者，唯范、袁二家。袁纪出范之前，且抑居范后，观袁纪自序谓众《汉书》烦秽杂乱，多不次叙，华书即在袁指斥之中，范《狱中书》且欲凌班，岂复措意华氏！华书遭晋东徙，又三唯存一，少可依据，三谱十典，范氏未仿其例，亦未沿其名，而曰全本华书，可云孟浪。昔班造《前汉》，太半据龙门成书而潜精积思，犹至二十余年始就；范时旧籍唐时多存，而章怀注中，识其所因于华氏者，亦仅寥寥六事，不关纪传正文，虽晚未有《陈志》可资，视班之因于《史记》者抑又甚艰，遑云易乎？荀、董以下十传，及东夷、乌桓、鲜卑传多因《三国志》。荀、董以下十传谓荀彧、董卓、刘虞、公孙瓒、陶谦、袁绍、刘表、刘焉、袁术、吕布。

蔚宗《狱中书》云："吾杂传论，皆有精意深旨，既有裁味，故约其辞句，至于《循吏》以下及六夷诸序论，笔势纵放，实天下之奇作，其中合者，往往不减《过秦》篇，尝共比方班氏所作，非但不愧之而已。"又云："赞自是吾文之杰思，殆无一字空设，奇变不穷，同含异体，乃自不知所以称之。此书行，故应有赏音者。"《旧唐·经籍志》有范氏《后汉书论赞》五卷，殆以范氏文体高于六朝诸人，爱其文辞者，遂本书意而摘取论赞别行欤？范书论后有赞，殊失马班之意，说见《史记》〔10〕节。

〔6〕章怀注《皇后纪》十皇女下云：沈约《谢俨传》云"范所撰十志，一皆托俨搜撰，垂毕范败，悉蜡以覆车，不复得"。按此所引沈约《俨传》，《宋书》不载，今无可考。但范有《百官志》已见帝后纪，有《礼乐志》《舆服志》见《东平王苍传》，有《五行志》《天文志》见《蔡邕传》。又《南齐书·文学传》："檀超掌史职，议立十志，百官依范晔合州郡。"是范志齐时尚有存者，超目见能举其例，至梁乃全佚，恐蜡以覆车之说，特指余志未成者也。王先谦说。王又云：《序例》疑亦未备。刘昭《补志序》云：序或未周。

〔7〕《十七史商榷》云：梁刘昭注晋司马彪绍统《续汉书志自序》云："司马续书，总为八志，《律历》之篇，仍乎洪、邕所构，车服之本，即依董、蔡所立；《仪祀》得于往制；《百官》就乎故簿，并借据前修，以济一家。范志全缺，序例所论，颇褒其美，乃借疑当作仿前志，注以补之，分为三十卷，以合范史。"此《序》汲古阁毛氏不载，遂令读者茫昧。宛平孙氏、安溪李氏，皆以司马志为范书矣。洪者刘洪也，邕者蔡邕也，董者董巴也，蔡即邕也。据此序则知范史有《序例》，今刻亦无。京房论律，以候气为主，其说受之焦赣，此《易》学与律历之微言，必出于孔门七十子之徒，乃不见于《前志》，而司马氏特详著之，盖蔡邕所取也。《礼仪志注》引谢承《后汉书》曰"太傅胡广，博综旧仪，立汉制度，蔡邕因以为志，谯周后改定为《礼仪志》"。《祭祀志注》云：谢沈《书》曰"蔡邕引中兴以来所修者为《祭祀志》，此志即邕之志也"。《天文志》云："明帝使班固叙《汉书》，而马续述《天文志》；今绍《汉书》作《天文志》，起王莽迄献帝。"《注》云："蔡邕撰建武以后星验著明，以续前志，谯周接续其下者。"考马续字季则，马援之从孙，严之子，融之兄也。附见《后书·援传》末。《五行志》云："五行传说及其占应，《汉书·五行志》详矣。故泰山太守应劭、给事中董巴、散骑常侍谯周并撰建武以来灾异，今合之以续《前志》。"《百官志》云："故新汲令王隆作《小学汉官篇》，诸文倜说，较略不究，唯班固《百官公卿表》差有条贯，然皆孝武奢广之事；世祖约俭之制，宜为常宪，故依其官簿，以为《百官志》。"

卢文弨《钟山札记》云："《续汉书》乃晋司马彪绍统所著，书不传而志三十卷附范蔚宗《后汉书》之后而传。梁剡令刘昭又为之注，于彪本注，进为大字，其所未备，注以补之，故称注补。毛氏汲古阁刻本尚不以《续志》间范书之中，而监本乃欲与《史》《汉》

一例，遂移置列传之前，且不题司马彪之名，又易刘昭注补为补注，皆失本来史目矣。"

司马彪志详述制度，较前汉诸志为稍变其体，后来晋、隋诸志，实仿其例。刘昭注尤谙悉于累朝掌故，荟萃群说为之折衷，盖能承六朝诸儒群经义疏之学，而通之于史，以求其实用，亦可见其学之条贯矣。邵晋涵说。

刘昭《自序》云："乃借旧志，注以补之，分为三十卷，以合范史。"据此，范史与司马志之合并，自昭始矣。宋真宗乾兴元年，孙奭始奏请合刻。陈振孙《书录解题》谓"昭所著志，与范书纪传别为一书，其后纪传孤行，而志不显，本朝乾兴初，判国子监孙奭始建议校勘"。

洪迈《容斋四笔》云："刘昭注《补志》三十卷，至本朝乾兴元年判国子监孙奭始奏以备前史之阙。"案孙奭奏云《后汉集解》引乾兴监本卷首所刻牒："臣窃见刘昭注补《后汉志》三十卷，盖范晔作之于前，刘昭述之于后，始因亡逸，终遂补全。缀其遗文，申之奥义。"又云："伏见《晋》《宋》书等例各有志，独兹《后汉》有所未全，其《后汉志》三十卷，欲望圣慈许令校勘雕印。"寻绎孙奏语意，实欲依刘昭旧体书志合雕。自是以后，雕刻《后汉书》者皆奉以为式。容斋所云，盖指刊印本言也。兹列八志篇名如下：

①律历上中下三卷，凡九目

②礼仪上中下三卷，凡二十九目

③祭祀上中下三卷，凡十六目

④天文上中下三卷，凡十三目

⑤五行六卷，凡四十三目

⑥郡国五卷，司隶及十二州

⑦百官五卷，凡三十四目

⑧舆服_{上下二卷，凡五十四目}

以上凡三十卷。

〔8〕《后汉书》一百三十卷。内帝后纪分为十二卷，列传分为八十八卷，合以志三十志，共一百三十卷。

〔9〕李贤注参用裴骃、裴松之之体，于音义则省其异同，于事实则去其骈拇，征引之广博，训释之简当，为史注之善者。刘攽《刊误》讥其末数卷援引多误，当以分曹授简，各有疏密，又急于成书，无暇覆检耳。据《新唐书》与章怀共任为《后汉注》者，有张大安、刘讷言、革希玄、许叔牙、成玄一、史藏诸、周宝宁等。见章怀本传，又见张公谨、岑长倩传。_{取邵晋涵、王先谦说。}

三国志

　　《三国志》[1]，六十五卷[2]，《魏志》三十卷，《蜀志》十五卷，《吴志》二十卷。[3] 晋陈寿撰。宋裴松之注[4]。

　　〔1〕《晋书·陈寿传》云："撰魏吴蜀《三国志》凡六十五篇，时人称其善叙事，有良史之才。夏侯湛时著《魏书》，见寿所作，便坏己书而罢。张华深善之，谓寿曰：'当以《晋书》相付耳。'其为时所重如此。范頵等表曰：'陈寿作《三国志》，辞多劝诫，明乎得失，有益风化，虽文艳不若相如，而质直过之。'"据传文，《三国志》之名当是寿自定，惟吴列蜀前，《晋书》误倒，非寿原本然也。六十五卷，《晋书》作六十五篇。

　　〔2〕晁公武《郡斋读书志》云："《三国志》六十五卷，晋陈寿撰。魏四纪二十六列传，蜀十五列传，吴二十列传。以魏为纪，而称汉、吴曰传，又改汉曰蜀，世颇讥其失。"

　　案司马光与刘道原书云："周、秦、汉、晋、隋、唐皆尝混一天下，传祚后世，子孙微弱播迁，犹承祖宗之业。今全用天子法，临统诸国；其余蜀、魏、吴、宋、齐、梁、陈、魏、齐、周、五代诸国，地丑德齐，不能相一，名号匹敌，本非君臣者，皆用列国法。至如刘备虽曰承汉，然族属疏远，不能纪其世数名字，亦犹宋高祖自称楚元王后，李昪自称吴王恪后，是非难明，今并同之列国，不得以汉光武、晋元帝例为比。"章俊卿《山堂考索》载此文。此温

40

公《通鉴》书法也。宋太祖篡立近于魏，而北汉、南唐迹近于蜀，故北宋诸儒皆有所避而不伪魏。《晋书·习凿齿传》云："是时温_桓_温觊觎非望，凿齿著《汉晋春秋》以裁正之，起汉光武终于晋愍帝，于三国之时，蜀以宗室为正，魏武虽受汉禅晋，尚为篡逆，至文帝平蜀，而晋始兴焉。"凿齿临终，复上疏谓："晋宜越魏继汉，不应以魏后为三恪。"至朱熹作《通鉴纲目》，亦斥魏帝蜀，以后遂为定论，此盖南宋偏安江左近于蜀，而中原魏地全沦于金，故诸儒纷议尊蜀，皆有所为而言之。其实迂腐，至不足道。

陈寿取法《国语》，三国并列，各依国势，略示区分，魏帝称纪，后称皇后；蜀则称主称后；吴惟孙权称主，其余皆称名，妻皆称夫人。此实深切当时事情，魏据中原，国最强盛；蜀据西川，地偏势弱。惟先主未尝屈于曹氏，自与孙权之上表称臣者不同。正不必以其仕西晋武帝之朝，遂妄测正统何属之论也。详下节。

〔3〕陈寿之前，魏、吴皆尝修史，惟蜀无闻。《史通》"曲笔""史官"二篇深斥蜀无史职之言，谓陈寿厚诬其君相，然《正史》篇末举蜀汉修史之事。

魏史——黄初中，始命尚书卫觊、缪袭草创纪传，累载不成，又命侍中韦诞、应璩、王沈、阮籍、孙该、傅玄等复共撰定。其后王沈独就其业，勒成《魏书》四十四卷，其书多为时讳，殊非实录。

吴史——吴大帝之季年，始命丁孚、项竣撰《吴书》，孚、竣俱非史才，其文不足纪录。至少帝时，更敕韦曜、周昭、薛莹、梁广、华覈访求往事，相与记述，并作之中，曜、莹为首。当归命侯时，昭、广先亡，曜、莹徙黜，史官久阙，书遂无闻，覈表请召曜、莹续成前史，其后曜独终其书，定为五十五卷。至晋受命，陈寿乃集三国史，撰为《国志》凡六十五篇。以上《史通·正史》篇语。

蜀无史职，故专书未成，然寿本蜀人_{巴西安汉人}，撰《古国志》

古疑即故字，谓蜀汉也。及《益都耆旧传》，自必深明蜀汉掌故，故《蜀志》卷数虽仅半魏，而记蜀事特详。如群臣称述谶纬，及登坛告天之文，魏、吴皆不书，特书于蜀，立后立太子诸王之策，魏、吴皆不书，而特书于蜀，太傅许靖、丞相诸葛亮、车骑将军张飞、骠骑将军马超之策文，皆一一书于本传，隐然寓帝蜀之旨焉。杨戏《季汉辅臣赞》，承祚既采之，又从而注之，注中引《益都耆旧杂记·王嗣常播卫继传》。此裴氏注，今刊本亦升作大字，误。其于蜀之人物，甄录周详如此。若魏之臣僚则芟汰多矣。取《潜研堂文集·三国志跋》语。《晋书》称"寿作《三国志》，善叙事，有良史之才"，语气已足。其下又称"或云丁仪、丁廙有名于魏。寿向其子索千斛米，不与，竟不为立传，寿父为马谡参军，谡为诸葛亮所诛，寿父亦坐髡，寿为《亮传》，谓将略所非长，无应敌之才，议者以此少之"。兹取赵翼、王鸣盛二氏说辨之曰：《晋书》好引杂说，故多芜秽，此亦其一也。索米一说，周柳蚪、唐刘允济、刘知幾皆信之。近朱氏彝尊、杭氏世骏辨其诬。谓寿于魏文士惟为王粲、卫觊五人立传，粲取其兴造制度，觊取其多识典故，若徐幹、陈琳、阮瑀、应场、刘桢仅于《粲传》附书。今《粲传》附书云："沛国丁仪、丁廙，弘农杨修，河内荀纬等亦有文采。"又于《刘廙传》附见云："与丁仪共论刑礼。"如此亦足矣，何当更立专传乎？且寿岂特不为立传而已，于《陈思王传》云："植既以才见异，而丁仪、丁廙、杨修等为之羽翼。"于《卫臻传》云："太祖久不立太子，亦奇贵临菑侯，丁仪等为之羽翼。"是夺嫡之罪，仪、廙为大，又毛玠、徐奕、何夔、桓阶之流，皆鲠臣硕辅，仪等交构其恶，疏斥之，然则二人盖巧佞之尤，安得立佳传？然此犹陈寿一人之言也。王沈撰《魏书》，一则曰"奸以事君"，一则曰"果以凶伪败"。鱼豢撰《魏略》，称"文帝欲仪自裁，仪向夏侯尚叩头求哀"。张骘撰《文士传》，称"廙盛誉临菑侯，欲以劝动太子"。则知寿所书仪、廙事皆实，而寿之用心实为忠厚。毛玠，仪所谮也，玠出见黥面其妻子没为官奴婢者，曰"使天不雨者盖此也"。寿不属之仪，而第曰"后有白玠者"，白者为谁？非仪则廙，寿为之讳也。尚得谓因索米不得而有意抑之乎？《十七史商榷》。

《陈寿传》："寿父为马谡参军，谡为诸葛亮所诛，寿父亦被髡，故寿为《亮传》，谓将略非所长。"此真无识之论也。亮之不可及处，原不必以用兵见长，观寿校定《诸葛集表》，寿入晋后，撰次《亮集》表上之，推许甚至，本传特附其目录并上书表，创史家未有之例，尊亮极矣。言"亮科教严明，赏罚必信，无恶不惩，无善不显，至于吏不容奸，人怀自励，至今梁益之民，虽甘棠之咏召公，郑人之歌子产，无以过也"。又《亮传》后评曰："亮之为治也，开诚心，布公道，善无微而不赏，恶无纤而不贬，终于邦域之内，咸畏而爱之，刑政虽峻而无怨者，以其用心平而劝戒明也。"其颂孔明可谓独见其大矣。又于《杨洪传》谓西土咸服亮之能尽时人之器能也。《廖立传》谓亮废立为民，及亮卒，立泣曰，吾终为左衽矣！《李平传》亦谓平为亮所废，及亮卒，平遂发病死。平常冀亮在，当自补复，策后人不能故也。寿又引孟子之言以为"佚道使民，虽劳不怨，生道杀民，虽死不怨杀者"，此真能述王佐心事。至于用兵不能克捷，亦明云所与对敌或值人杰；加以众寡不侔，攻守异体，又时无名将，故使功业陵迟，且天命有归，不可以智力争也，寿于司马氏最多回护，故亮遗懿巾帼，及死诸葛走生仲达等事，传中皆不敢书，而持论持平如此，因知其折服于诸葛深矣。而谓其以父髡之故，以此寓贬，真不识轻重者。《二十二史札记》。

〔4〕松之字世期，宋文帝使注陈寿《三国志》，松之鸠集传记，增广异闻，既成，奏上。元嘉六年七月奏上。上喜曰：此得不朽矣！松

之《上三国志表》谓："臣前被诏使采三国异同以注陈寿《国志》。寿书铨叙可观，事多审正，诚游览之苑囿，近世之嘉史。然失在于略，时有所脱漏。臣奉旨寻详，务在周悉。上搜旧闻，傍摭遗逸，按三国虽历年不远，而事关汉、晋，首尾所涉，出入百载，注记分错，每多舛互。其寿所不载，事宜存录者，则罔不毕取以补其阙。或同说一事，而辞有乖杂，或出事本异，疑不能判，并皆抄内以备异闻。若乃纰缪显然，言不附理，则随违矫正以惩其妄。其时事当否，及寿之小失，颇以愚意有所论辩。"松之作注，大意如此。《四库提要》列为六类：

①引诸家之论，以辨是非；

②参诸家之说，以核讹异；

③传所有之事，详其委曲；

④传所无之事，补其阙佚；

⑤传所有之人，详其生平；

⑥传所无之人，附以同类。

松之既以救寿书简略为己任，故搜辑史部之书至一百四十余种，网罗至为繁富，六朝旧籍，今所不传者，尚一一见其崖略。又多首尾完具，不似郦道元《水经注》、李善《文选注》皆剪裁割裂之文，故考证之家，取材不竭。又松之此注实开注家之新例，王皞之注《唐余录史》，《书录解题》：益都王皞撰《唐余录史》三十卷，有纪有志有传，又博采诸家小说，仿裴松之《三国志注》，附其下方。朱彝尊之注《五代史》，朱竹垞、钟渊映用裴注之例，注欧公《五代史》未成，至乾隆末年南昌彭氏元瑞、萍乡刘氏凤诰，复凭竹垞原稿广稽四部，成书七十四卷，皆原本裴氏，王皞之书既不传，此为伟观矣。皆遵用此例者也。

赵翼《廿二史札记》、钱大昕《廿二史考异》列举裴注所引书名凡百四十余种，兹录之以备阅览。

①谢承《后汉书》	②司马彪《续汉书》《郡国志》
③华峤《汉书》	④张璠《汉记》
⑤袁宏《汉纪》《隋志》作《后汉纪》	⑥王沈《魏书》
⑦鱼豢《魏略》	⑧韦曜《吴书》
⑨胡冲《吴历》	⑩张勃《吴录》
⑪环济《吴纪》	⑫阴澹《魏纪》
⑬袁晔《献帝春秋》	⑭孔衍《汉魏春秋》
⑮孙思光《献帝春秋》	⑯《汉书·地理志》
⑰蔡邕《明堂论》	⑱夏侯湛《魏书》
⑲孙盛《魏氏春秋》	⑳孙盛《晋阳秋》
㉑习凿齿《汉晋春秋》	㉒王隐《晋书》
㉓虞预《晋书》	㉔干宝《晋纪》
㉕刘艾《灵帝纪》	㉖刘艾《献帝纪》
㉗乐资《山阳公载记》	㉘《献帝起居注》不详撰人
㉙《魏武故事》	㉚司马彪《九州春秋》
㉛王粲《英雄记》《隋志》称《汉末英雄记》	㉜《曹瞒传》吴人作，无姓名
㉝郭颁《世语》颁一作班。《隋志》称《魏晋世语》。	㉞虞溥《江表传》
㉟鱼豢《典略》	㊱《魏末传》
㊲《献帝传》	㊳谯周《蜀本纪》
㊴王隐《蜀记》	㊵傅畅《晋诸公赞》
㊶李轨《泰始起居注》	㊷陆机《晋惠帝起居注》
㊸孙盛《魏世谱》	㊹孙盛《蜀世谱》
㊺《三朝录》	㊻《晋百官名》裴云不知谁所撰也。皆有题目，亦作《百官名志》

续表

㊼《晋百官表》疑与上同书	㊽荀勖《晋中经簿》
㊾赵岐《三辅决录》挚虞注	㊿《先贤行状》不详撰人，《唐·艺文志》有李氏《海内先贤行状》三卷
(51)《魏名臣奏》	(52)《汉末名士传》
(53)张俨《默记》	(54)魏文帝《典论》
(55)蒋济《万机论》	(56)傅休奕《傅子》
(57)《袁子》袁准撰，号正论	(58)司马彪《战略》
(59)葛洪《抱朴子》	(60)虞喜《志林》
(61)殷基《通论》	(62)应劭《风俗通》
(63)张华《博物志》	(64)干宝《搜神记》
(65)荀勖《文章叙录》	(66)挚虞《文章志》一名《文章流别志》
(67)挚虞《史疑要注》	(68)《杜氏新书》
(69)顾恺之《启蒙注》	(70)徐众《三国评》
(71)孙盛《异同评》或作《异同杂语》，又作《异同记》，又作《杂记》，其实一书也	(72)孙绰《评》
(73)《太康三年地记》	(74)皇甫谧《帝王世纪》
(75)皇甫谧《高士传》	(76)皇甫谧《逸士传》
(77)皇甫谧《列女传》	(78)张隐《文士传》
(79)周斐《汝南先贤传》	(80)苏林《陈留耆旧传》
(81)《零陵先贤传》	(82)张方《楚国先贤传》
(83)陈寿《益都耆旧传》	(84)陈术《益都耆旧杂记》
(85)虞预《会稽典录》	(86)常璩《华阳国志》
(87)王范《交广二州春秋》	(88)王隐《交广记》
(89)荀绰《九州记》	(90)《河图括地象》
(91)《襄阳记》	(92)杨孚《异物志》

续表

(93)《陆氏异林》	(94)《列异传》《隋志》：魏文帝撰
(95)葛洪《神仙传》	(96)应璩《书林》
(97)山涛《启事》	(98)卫恒《四体书势序》
(99)左思《蜀都赋》	(100)庾阐《扬都赋》
(101)《荀氏家传》	(102)《袁氏世纪》
(103)《庐江何氏家传》	(104)《会稽邵氏家传》
(105)傅畅《裴氏家记》	(106)《陆逊铭》陆机撰
(107)陆机《辨亡论》	

其余如庾氏、孙氏、阮氏、嵇氏、孔氏、刘氏、陈氏、王氏、郭氏、诸葛氏、崔氏之谱，郑玄、荀彧、祢衡、邴原、吴质、刘廙、任嘏、任昭、王弼何劭作传、孙资、曹志、陈思王、嵇康兄喜作传、华佗、管辂弟辰作传、赵云、费祎、虞翻、诸葛恪、荀勖、程晓、潘岳、潘尼、孙惠、卢谌、机、云、钟会、顾谭陆机作传之别传，曹公、孔融、嵇康、王朗之《家传》，陆氏之《世颂》，陆氏之《祠堂像赞》，高贵乡公、陈思王、王朗、诸葛亮、傅咸、姚信、张超之集，凡百四十余种，可见其采辑之博矣。朱明镐《史纠》谓："陈氏纪事简质，有良史风。但统观大体其阙有四：不志历学，一阙也；不传列女，二阙也；不搜高士，三阙也；家乘国志，未及广采，四阙也。"案裴注详博若此，四阙不足为病矣。

晋　书

　　《晋书》[1]，一百三十卷[2]，帝纪十[3]，志二十[4]，列传七十[5]，载记三十[6]。唐太宗贞观十八年，以前后晋史十有八家制作未能尽善[7]，敕史官更加纂录[8]，书成而众家尽废[9]。

　　[1] 据晋、宋等书列传所载诸家之为晋书者，无虑数十种，虽名号各异而总称晋书。其确以“晋书”二字为题者，有虞预、谢沈、束皙、谢灵运、萧子云诸人所撰，故贞观敕撰之《晋书》，刘知几《史通》有《新晋书》及《皇朝新撰晋史》之目。大抵安史乱后，旧书散亡，唯贞观《晋书》独存，后世遂亦不复知有《新晋书》之名矣。

　　[2]《史通·正史》篇云：“纪十，志二十，列传七十，载记三十，并叙例目录合为百三十二卷。”钱大昕云：“《晋书》纪志列传载记百三十卷之外，别有《叙例》一卷，《目录》一卷。今《目录》犹存，而敬播所撰《叙例》久不传矣。其见于《史通》者，一云‘凡天子庙号惟书于卷末’，一云‘班《汉》皇后除王吕之外，不为作传，并编叙行事，寄出外戚篇’，一云‘坤道卑柔，中宫不可为纪，今编同列传，以戒牝鸡之晨’。”

　　[3] 司马懿及子师、昭身为魏臣，事同曹操，司马炎篡魏，皆追尊为帝，故《晋书》均为作本纪，仿陈寿《国志》例也。

48

〔4〕志二十卷，为目凡十：

①天文三卷　　②地理二卷

③律历三卷　　④礼三卷

⑤乐二卷　　　⑥职官一卷

⑦舆服一卷　　⑧食货一卷

⑨五行三卷　　⑩刑法一卷

《晋书·地理志》惟详泰始、太康皆武帝年号，永嘉怀帝年号以后，仅掇数语，而东晋则更无预焉。又不能据《太康地志》《元康定户》等书以为准则，故踳驳特甚。东晋复有侨州郡县之设，每与实土相混，地异名同，总非故土，沈休文所谓千易百改，巧术不能算者也。清儒洪亮吉《东晋疆域志》、钱大昕《廿二史考异》可备参考。

〔5〕《晋书》列传编订，颇有斟酌，如：

陶潜已在《宋书》隐逸之首，而潜本晋完节之臣，应入晋史，故仍列其传于《晋·隐逸》之内。

愍怀太子妃王氏抱冤以死，而太子妃不便附入《后妃传》内，则入之于《列女传》。

僭伪诸国，别为载记，前凉张轨、西凉李暠不失臣节，仍归列传，张天锡二妾、李玄盛妻入《列女传》。

此皆位置得当者。各传所载表疏赋颂之类亦皆有关系，然如：

臧荣绪、王隐书马敦立功谗死事，《晋书》不为立传。郭琦亮节之士，不为详书。

佛图澄、僧涉、鸠摩罗什、昙霍皆与晋无涉，而载于《艺术传》。

嵇康魏臣，不当入晋史；韦忠、王育、刘敏元北仕刘赵，不当入《忠义传》。

刘聪妻刘、苻坚妾张、苻登妾毛、慕容垂妻段皆当附于载记，而入之《列女传》，失于限断。

采小说杂书如《异苑》《语林》《世说》《幽明录》《搜神记》等书入史，故多怪妄芜秽之事。刘知幾讥其虽取悦于小人，终见嗤于君子。晁公武《郡斋读书志》谓历代之史，惟《晋书》丛冗最甚，殆非过言。

列传之以二字标题者为：

① 后妃　　② 宗室　　③ 孝友　　④ 忠义　　⑤ 良吏
⑥ 儒林　　⑦ 文苑　　⑧ 外戚　　⑨ 隐逸　　⑩ 艺术
⑪ 列女　　⑫ 四夷　　⑬ 叛逆

〔6〕《后汉书·班固传》谓固撰新市、平林、公孙述等僭伪事，为载记若干篇，此《晋书》载记之所本也。载记三十卷，计：

① 前赵三卷，刘渊等　　　　② 后赵四卷，石勒等
③ 前燕四卷，慕容廆等　　　④ 前秦四卷，苻洪等
⑤ 后秦四卷，姚弋仲等　　　⑥ 后蜀二卷，李特等
⑦ 后凉一卷，吕光等　　　　⑧ 后燕二卷，慕容垂等
⑨ 西秦北燕合一卷，乞伏国仁等，冯跋
⑩ 南凉一卷，秃发乌孤等　　⑪ 南燕二卷，慕容德等
⑫ 北凉一卷，沮渠蒙逊　　　⑬ 夏一卷，赫连勃勃

前凉张轨、西凉李暠暠为唐室之祖，故《晋书》称其字玄盛在列传不入载记。

〔7〕《晋书》作者最多，无虑数十种，兹列其可考者如下：

《武帝纪》谓："武帝诏自泰始以来大事，皆撰录秘书写副，后有事即依类缀缉。"此《晋书》之权舆也。

华峤《魏》《晋》纪传峤草《魏》《晋》纪传，与张载同在史官，永嘉之乱，《晋书》存者五十余卷。详峤本传。

干宝《晋纪》干宝传著《晋纪》自宣帝讫愍帝，凡二十卷，称良史。刘彤集众

家晋书，注干宝《晋纪》，为四十卷。见《南史·刘昭传》。《唐志》又有刘协注六十卷。

谢沈《晋书》《谢沈传》：著《晋书》三十余卷。

傅畅《晋诸公叙赞》二十二卷、《公卿故事》九卷，《傅畅传》。

荀绰《晋后书》十五篇，《荀绰传》。

束皙《晋书》帝纪十志

孙盛《晋阳秋》盛作《晋阳秋》，词直理正，桓温见之，谓其子曰："枋头诚为失利，何至如尊公所说，若此史遂行，自是关君门户事。"其子惧祸，乃私改之，而盛所著已有二本，以其一寄慕容儁，后孝武博求异闻，又得之，与中国本多不同。详盛本传。

王隐《晋史》王铨私录晋事，其子隐遂谙悉西晋旧事，元帝太兴初，召隐为著作郎，令撰晋史。后以谤免黜，依庾亮于武昌，亮供其纸笔，书成，年七十余卒。详隐本传。

习凿齿《汉晋春秋》起汉光武终晋愍帝。详凿齿本传。

虞预《晋书》八十余卷

邓粲《元明纪》十篇

徐广《晋纪》奉敕撰国史，义熙十二年勒成《晋纪》四十六卷，表上之。广事见《晋书》八十二卷，又见《南史》三十三卷。

郗绍《晋中兴书》高平人。数以书示何法盛。法盛有意图之，谓绍曰："卿名位贵达，不复俟此延誉。我寒士，无闻于时，如袁宏、干宝之徒赖有著述，流声于后，宜以为惠。"绍不与。至书成，在斋内厨中，法盛诣绍，绍不在，直入窃书。绍还，失之，无复兼本，于是遂行何书。《南史》绍本传。

沈约《晋书》一百一十卷。详约本传。

谢灵运《晋书》奉敕撰《晋书》，粗立条流，书竟不就。详灵运本传。

王韶之《晋安帝春秋》韶之私撰《晋安帝春秋》，既成，人谓宜居史职，即除著作郎，使续成后事，迄义熙九年。其序王珣贪殖、土欲作乱事，后坦于贵，韶之尝惧为所害。详韶之本传。

荀伯子《晋史》荀伯子亦助撰《晋史》。见伯子本传。

张缅《晋钞》著《晋钞》三十卷。见缅本传。

臧荣绪《晋史》臧荣绪括东西晋为一书，纪录志传凡百一十卷。见《南齐书·高逸传》，又见《南史·隐逸传》。司徒褚渊启太祖曰：荣绪，朱方隐者，蓬庐守志，漏湿是安，灌蔬终老，撰《晋史》十帙，赞论虽无逸才，亦足弥纶一代。

萧子云《晋书》一百十卷，见子云传。

《唐书·艺文志》所载晋朝史事，尚有：

陆机《晋帝纪》四卷	刘谦之《晋纪》二十卷
曹嘉之《晋纪》十卷	邓粲《晋纪》十一卷
《晋阳秋》三十二卷	檀道鸾《晋春秋》二十卷
萧景畅《晋史草》三十卷	郭季产《晋续纪》五卷

《晋录》五卷

观上文知晋代史书作者实多，因难周览，故有新史之撰。所谓晋史十八家者，浦起龙曰："隋唐二志，正史部凡八家，其撰人则王隐、虞预、朱凤、何法盛、谢灵运、臧荣绪、萧子云、萧子显也。编年部凡十一家，其撰人则陆机、干宝、曹嘉之、习凿齿、邓粲、孙盛、刘谦之、王韶之、徐广、檀道鸾、郭季产也。据《志》盖十九家，岂缘习氏书独主汉斥魏，以为异议，遂废不用欤？"浦氏又云："《史通·杂说》篇有曹、干、孙、檀皆不之取之语，是就既修后言；此云十八家则兼举之，是就敕修之始罗致群书言。"

〔8〕《旧唐书·房玄龄传》：贞观十八年，玄龄与褚遂良受诏重撰《晋书》，于是奏请许敬宗、来济、陆元仕、刘子翼、令狐德棻、李义府、薛元超、上官仪等八人，分功撰录，以臧荣绪《晋书》为主，参考详洽。然史官多文咏之士，好采碎事，竟为绮艳。李淳风修《天文》《律历》《五行》三志，最可观。太宗自著宣、武、陆机、王羲之四论，于是总题曰御撰，凡一百三十卷。据《令狐德棻传》，当时同修者一十八人，并推德棻为首。王鸣盛曰：《旧唐书》载当时同修者一十八人，而《玄龄传》又云奏取八人，则"一十"二字衍，《新唐书》盖仍误

本《旧唐书》而未及正也。《直斋书录解题》谓："《唐·艺文志》修《晋书》者有房玄龄等二十人。其凡例，则发于敬播云。"案《新唐书·艺文志》，预修《晋书》者有房玄龄、褚遂良、许敬宗、来济、陆元仕、刘子翼、令狐德棻、李义府、薛元超、上官仪、崔行功、李淳风、辛丘驭、刘胤之、杨仁卿、李延寿、张文恭、敬播、李安期、李怀俨、赵弘智等二十一人，《直斋书录》当是误脱"一"字。

郑樵《通志·艺文略》云："古者修书成于一家，至唐始用众手，《晋》《隋》二书是也。《晋书》既出多人之手，而太宗复自撰四论，故卷首题御撰，不列史臣之名。"

〔9〕《史通·正史》篇云："自是言《晋史》者，皆弃其旧本，竞从新撰者焉。"钱大昕《养新录》云："当时王隐、何法盛、臧荣绪诸人之书具在，故刘知幾《史通》有新晋书之目。《尚书正义》所引《晋书》，今本无之，当是臧荣绪书也。李善注《文选》备引诸家《晋书》，而不及御撰之本，迨安史陷两京，故籍散亡，唯存贞观新撰书，后世遂不知有新晋书之名矣。"

宋　书

　　《宋书》，一百卷[1]，帝纪十，志三十[2]，列传六十[3]。齐永明中[4]，沈约奉诏撰[5]。

　　[1]《四库提要》云："《宋书》一百卷，梁沈约撰。约表上其书，谓'本纪列传缮写已毕，合志表七十卷，所撰诸志，须成续上'。《宋书》自序：'臣今谨奏呈所撰，诸志须成续上。'撰字断句，谓呈已撰成之七十篇，《提要》以'所撰诸志'句似误。今此书有纪志传而无表。刘知幾《史通》谓此书为纪十，志三十，列传六十，合百卷，不言其有表。《隋书·经籍志》亦作《宋书》一百卷，与今本卷数符合。或唐以前，其表早佚，今本卷帙出于后人所编次欤?"《提要》不知"志表"二字衍文，故疑表早佚，其实约表明云撰诸志，未尝言撰表。盖纪传先成，志系续上，今约书纪十卷，传六十卷，适合七十卷之数，外有志三十卷而无表，与《梁书》本传所云著《宋书》百卷适合，则上书表中"志表"二字乃衍文也。

　　[2]沈约自言年二十许便有撰述之志，又终身于史职，故于累朝掌故，周晰条贯，所撰诸志实能裨益前史所未备。兹列诸志名目于下：

　　①志序律合一卷，案总目题"卷十一，志一，志序"。细目则题"卷十一，律志序"。总目与细目标题不同，必有一误。邵晋涵《南江书录》以为"今总目以志序自为一卷，而细目标题又专以律志之序。按其文义，则律历本同源，当云律历上，律历中，

律历下，而后人编目者强为分割，非约原定之目次"。邵氏之说似未允当。细绎志序文义，确是全志之总序，惟篇幅非长，不能自成一卷，故与律志合卷。总目脱一"律"字，细目"律"字误置志序之上，遂滋后人纷议，不知律与历分，史公旧法然也。

②历二卷，律、历二志多据何承天旧议，以承天所撰元嘉历，为当时所用也。

③礼五卷，合郊祀祭祀朝会舆服总为一门，以省支节。

④乐四卷，详述八音众器及鼓吹铙歌诸乐章，以存义训。如《铎舞曲·圣人制礼乐篇》，有声而词不可详者，每一句为一断，以存其节奏，义例尤善。

⑤天文四卷

⑥符瑞三卷，沈约特立《符瑞志》，欲补前史之阙。《十七史商榷》云："《五行志》本《洪范五行传》胪列《春秋左传》灾异，并及秦汉下事以为应验，凡唐以前各史类然，此乃不得不如此，然已觉饶舌可厌。至于符瑞本不当有志，即欲志之，亦惟一代可耳，前事但于叙首中略述以为引子足矣，沈约乃直追溯至五帝三代，一一胪列之，枝蔓斯极。"

⑦五行五卷

⑧州郡四卷，只据《太康地志》暨何承天、徐爰原本，间为折衷其异同，而于侨置创置者，或不书其置立年月，犹未免疏略。

⑨百官二卷

〔3〕列传六十卷，内《自序》一卷，余五十九卷，其以二字为标题者有：

①后妃　　②宗室　　③孝义　　④良吏

⑤隐逸　　⑥恩幸　　⑦夷蛮　　⑧二凶

《四库提要》云："其书至北宋已多散失，《崇文总目》谓阙《赵伦之传》一卷，陈振孙《书录解题》谓独阙《到彦之传》。今本卷四十六有赵伦之、王懿、张邵传，惟《彦之传》独阙，与陈振孙所见本同。卷后有臣穆附记，谓此卷体同《南史》，传末无论，疑非约书，其言良是。盖宋初已阙此一卷，后又杂取《高氏小史》及《南史》以补之，取盈卷帙，然《南史》有《到彦之传》，独舍而不取，又《张邵传》后附见其兄子畅，直用《南史》之文，而不知此书卷五十九已有《张畅传》，忘其重出，则补缀者之疏矣。"臣穆当即郑穆，《宋史》有传。

沈约修《宋书》，特重文人，全书以一传独为一卷者，谢灵运之外，惟颜延之、袁淑、袁粲而已。二袁忠义，固当详叙，颜、谢则惟重其文章，《谢灵运传》载其《山居赋》，并其自注载之，此尤例之特殊者。其余列传载文往往过繁，《陔餘丛考》言之綦详，可参阅。

〔4〕沈约《自序》称于齐武帝永明五年春，被敕撰《宋书》，至六年二月，纪传毕功，表上之。《文九王传·建平王景素传》末云"今上即位"，今上者齐武帝也。又《沈攸之传》："攸之败死，其党臧焕诣盆城自归，今皇帝命斩之。"今皇帝者，亦齐武帝也。观此则知约修《宋书》在齐武帝时，入梁未及追改。

〔5〕《廿二史札记》云：沈约于齐永明五年奉敕撰《宋书》，次年二月即告成，共纪志此语微误，志系续上者列传一百卷，古来修史之速未有若此者。今按其《自序》而细推之，知约书多取徐爰旧本而增删之者也。宋著作郎何承天已撰《宋书》纪传，止于武帝功臣，其诸志惟《天文》《律历》，此外悉委山谦之。谦之亡，诏苏宝生续撰，遂及元嘉诸臣。宝生被诛，又以命徐爰，爰因苏、何二本，勒为一史，起自义熙之初，迄于大明之末，其臧质、鲁爽、王僧达三传，皆孝武时所造。惟永光以后，至于亡国十余年记载并缺，今《宋书》内永光以后纪传，盖约等所补也。案《王智深传》约多载宋明帝鄙渎事。武帝谓曰：我昔经事明帝，卿可思讳恶之义。于是多所删除。可见宋明帝以后纪传皆约所撰。其于爰书稍有去取者，爰本有晋末诸臣及桓玄等诸叛贼，并刘毅等与宋武同起义者，皆列于《宋书》，约以为桓玄、谯纵、卢循身为晋贼，无关后代；吴隐之、郗僧施、谢混义止前朝，不宜

入宋；刘毅、何无忌、诸葛长民、魏咏之、檀凭之志在匡晋，亦不得谓之宋臣，故概从删除。见《宋书》自序。是约所删者，止于此数传，其余则皆爱书之旧，是以成书若此之易也。余向疑约修《宋书》，凡宋、齐革易之际，宜为齐讳，晋、宋革易之际，不必为宋讳，乃为宋讳者，反甚于为齐讳，然后知为宋讳者，徐爰旧本也，为齐讳者，约所补辑也。人但知《宋书》为沈约作，而不知大半乃徐爰作也。观《宋书》者当于此推之。何尚之，何偃之父也，乃偃传在五十九卷，尚之传反在六十六卷。可见《宋书》时日促迫，仓猝编排，前后亦不暇审订。

南齐书

《南齐书》[1]，纪八[2]，志十一[3]，列传四十[4]，合五十九卷[5]，梁萧子显撰[6]。

〔1〕《梁书·萧子显传》："著《齐书》六十卷。"《隋书·经籍志》："《齐书》六十卷，梁吏部尚书萧子显撰。"《史通》谓之《齐史》。《唐书·艺文志》："萧子显《齐书》六十卷。李百药《北齐书》五十卷。"曾巩《叙》始称"《南齐书》五十九卷"。章俊卿《山堂考索》引《馆阁书目》亦称"《南齐书》"。可见冠南字于《齐书》之上，始于宋代。所以别李百药《齐书》也，惟《唐志》仍称《齐书》，百药书则加一北字，又卷数亦不符，大抵传钞失校之故。

〔2〕《史通·正史》篇："子显为纪八，志十一，列传四十，合成五十九篇。"谓纪八篇，志十一篇，列传四十篇也。曾巩《南齐书序》改为八纪，十一志，四十列传，则颇似纪有八，志有十一矣。实则纪仅七，《高帝纪》分上下篇，不得谓为两纪也。曾《叙》谓"子显之于斯文，喜自驰骋，其更改破析刻雕藻缋之变尤多，而其文益下"。此评似未必确。

〔3〕《南齐书》志十一篇，为目仅八，列之如下：

①礼二篇　　　②乐一篇　　　③天文二篇
④州郡二篇　　⑤百官一篇　　⑥舆服一篇

⑦祥瑞一篇　　⑧五行一篇

刘知幾曰："江淹始受诏著述，以为史之所难，无出于志，故先著十志以见其才。"郑樵《通志序》云："江淹有言，修史之难，无出于志，诚以志者宪章之所系，非老于典故，不能为也。"《梁书·江淹传》谓《齐史》十志行于世。据此，子显八志盖本于此。

〔4〕列传中以二字为题者，有：

①皇后　　②宗室　　③文学　　　④良政

⑤高逸　　⑥孝义　　⑦幸臣

《四库提要》云："《史通·序例》篇谓：'令升先觉，远述丘明，史例中兴，于是为盛。沈约之《志序》，萧齐之《序录》，虽以序为名，其实例也。子显虽文伤蹇踬，而义甚优长，为序例之美者。'今考此书《良政》《高逸》《孝义》《幸臣》诸传皆有序，而《文学传》独无序，殆亦宋以后所残缺欤？"

萧子显本齐高帝萧道成之孙，豫章王嶷之子，故子显为父作传，铺张至九千余字，且不入《高祖十三王传》内_{《高祖十三王传》编}在三十二卷，而上与文惠太子相次比_{编在二十五卷}，苟欲以此尊父，甚无当也。

〔5〕章俊卿引《馆阁书目》云："《南齐书》本六十卷，今存五十九卷，亡其一。"刘知幾《史通》、曾巩《叙录》则皆云八纪，十一志，四十列传，合为五十九卷。则《馆阁书目》不为无据。《南史》载子显《自序》自是据其《叙传》之词。又晁公武《读书志》载其《进书表》云："天文事秘，户口不知，不敢私载。"疑原书第六十卷为子显《叙传》，末附以表，与李延寿《北史》例同。至唐已佚其《叙传》，而其表至宋犹存，今又并其表佚之，故较本传缺一篇也。《唐志》六十卷，系传抄旧录，不可信。《南史·子显传》其《自序》二百余

字，延寿撮取入史。高似孙《史略》亦云"本传为《齐书》六十卷，今但五十九卷"。

〔6〕《齐书》亦有所本，建元二年，即诏檀超与江淹掌史职。超等表上条例："开元纪号，不取宋年；封爵各详本传，无假年表；立十志，《律》《历》《礼》《乐》《天文》《五行》《郊祀》《刑法》《艺文》依班固；《朝会》《舆服》依蔡邕、司马彪；《州郡》依徐爰；《百官》依范蔚宗；日蚀旧载《五行》，应改入《天文志》；帝女应立传，以备甥舅之重；又立《处士》《列女》传。"诏内外详议。王俭议以为食货乃国家本务，至《朝会》前史不书，乃伯喈一家之意，宜立《食货》，省《朝会》，日月应仍隶《五行》，帝女若有高德绝行，当载《列女传》，若止于常美，不立传。诏日月灾隶天文，余如俭议。见《檀超传》。此齐时修国史体例也。又有豫章熊襄著《齐典》，沈约亦著《齐纪》二十卷，江淹撰《齐史》十志，吴均撰《齐春秋》，俱见各本传。今按萧子显《齐书》但有《礼乐》《天文》《州郡》《百官》《舆服》《祥瑞》《五行》七志，而《食货》《刑法》《艺文》仍缺，列传内亦无帝女及列女，其节义可传者，总入于《孝义传》，改处士为《高逸》，又另立《幸臣传》，其体例与超、淹及俭所议皆小有不同，盖本超、淹之旧而小变之。《超传》内谓超史功未就而卒，淹撰成之，犹未备也，此正见子显之修《齐书》，不全袭前人也。以上均赵翼《廿二史札记》语，惟谓志仅有七，似误并《礼志》《乐志》为一。

梁　书

《梁书》，本纪六卷[1]，列传五十卷[2]，合五十六卷[3]。唐贞观三年诏姚思廉同魏徵撰[4]。

〔1〕《梁书》本纪凡四，以《武帝本纪》分三卷，故为卷六。赵翼《陔餘丛考》曰："《梁书》不能纪萧詧，盖以敬帝国亡则梁统已绝，詧三世虽帝于江陵，然皆臣属于周、隋，既难作本纪；若以为元帝之臣，而与正德等同传，则詧本非叛逆，只以救河东王誉与元帝构怨，逃死附魏，非正德等反附侯景者可比，又不便列之《逆臣传》，是以无可位置，竟没而不书。令狐德棻附之《周书》似矣，然詧之逃附也，尚是魏朝，其死也乃在周代，而其子归孙琮，又历隋为附庸，则又安得独附于《周书》，惟李延寿《北史》别立《附庸》一门，以詧等入之，较为妥善。然《北史》兼叙各朝，故可如此立传。《梁书》专纪萧氏子孙建国称帝者，安得竟从删削，此究是《梁书》缺处。案宜于《昭明太子传》后备载詧以下三世，则位置得宜矣。"

〔2〕列传五十卷，其以二字为标题者，有：

①孝行　　②儒林　　③文学二卷
④处士　　⑤止足　　⑥良吏

《廿二史札记》云："《梁书》有不必立传而立者，又有应立传而不者，《处士》之外，另立《止足》一门，其序谓鱼豢《魏略》

有《知足传》，谢灵运《晋书》有《知足传》，《宋书》亦有《知足传》今沈约书无此门，盖徐爰旧本也，故《梁书》亦存此门。然所谓知足者，不过官成身退，稍异乎钟鸣漏尽夜行不休者耳。传中如顾宪之政绩自可入《良吏传》，其余陶季直、萧际素辈，传之不胜传也。至如《方伎》一门，累代所不废，如沙门释宝志不惟为时人所敬信，并人主亦崇奉之，此岂可无传。乃《梁书》无《方伎》一门，遂少此传，《南史》附丽于陶弘景之后，可补《梁书》之缺。"《札记》又云："《梁书》虽全据国史，而行文则自出炉锤，直欲远追班、马。盖六朝争尚骈俪，即序事之文，亦多四字为句，罕有用散文单行者。《梁书》则多以古文行之，如《韦叡传》叙合肥等处之功，《昌义之传》叙钟离之战，《康绚传》叙淮堰之作，皆劲气锐笔，曲折明畅，一洗六朝芜冗之习，《南史》虽称简净，然不能增损一字也。至诸传论亦皆以散文行之，魏郑公《梁书总论》犹用骈偶，此独杰出于骈四俪六之上，则姚察父子为不可及也。世但知六朝之后，古文自唐韩昌黎始，而岂知姚察父子已振于陈末唐初也哉。"

〔3〕《四库提要》云："《旧唐书·经籍志》及思廉本传俱云五十卷，《新唐书》作五十六卷。考刘知幾《史通》谓姚察有志撰勒，施功未周，其子思廉凭其旧稿，加以新录，述为《梁书》五十六卷，则《新唐书》所据为思廉编目之旧，《旧唐书》误脱六字审矣。"

〔4〕晁公武《郡斋读书志》云："唐贞观三年，诏思廉同魏徵撰。思廉者，梁史官察之子，推其父意采谢炅《梁书》无传，见《隋书·经籍志》等所记以成此书。《史通·正史》篇云：梁史，武帝时，沈约、周兴嗣、鲍行卿、谢炅相承撰录，已有百篇，值承圣（元帝年号）沦没，并从焚荡，何之元、刘璠合撰《梁典》十三篇，而纪传之书未有。陈姚察有志撰勒，其施功未周，至于陈亡，

其书不就。徵惟著《总论》而已。"《文献通考》此下有"笔削次序皆出思廉，思廉名简，以字行"十五字。

《提要》云："思廉本推其父意以成书，每卷之后，题陈吏部尚书姚察者二十五篇，题史官陈吏部尚书姚察者一篇，盖仿《汉书》卷后题班彪之例，其专称史官者殆思廉所续纂欤？思廉承藉家学，既素有渊源，又贞观二年，先已编纂，及诏入秘书省论撰之后，又越七年，其用力亦云勤笃。"

《陔馀丛考》云："《新唐书·姚思廉传》：'其父察在陈尝修梁、陈二史未就，以属思廉。思廉入隋，表父遗言，有诏听续。至唐又奉诏与魏徵等修梁、陈二书，乃采谢昊、顾野王诸书以成之。'《旧唐书》谓思廉采谢昊诸家著《梁史》，又推究陈氏，博综顾野王所修旧史成。今以迹推之，则察已有成绪，思廉不过取谢、顾诸家，重为订正耳。《姚察传》亦云：'梁、陈二史，本察所撰，其中序论纪传有缺者，临殁时以体例戒其子思廉博访撰续。'此思廉自撰其父之传，盖纪实也。两朝数十卷书，经父子两世，纂辑之功始就。盖作史之难，不难于叙述，而难于考订事实，审核传闻，故不能速就耳。至其文笔，亦足称良史，所可嫌者，惟多载诏策表疏之类，稍觉繁冗，而叙事之简严完善，则李延寿亦不能过。宋子京谓《南史》过本书远甚，非确论也。"

陈 书

《陈书》，本纪六卷[1]，列传三十卷[2]，凡三十六卷。唐姚思廉奉敕撰[3]。

〔1〕《陈书》凡五本纪，《高祖本纪》分上下二卷，故得六卷，曾巩《陈书序》、晁公武《郡斋读书志》皆谓六本纪，微误。

〔2〕列传之以二字为标题者，有：

①皇后　　　　②宗室　　　　　③孝行
④儒林　　　　⑤文学

本书惟高祖、世祖两本纪末有"陈吏部尚书姚察曰"，其余纪传之末则称"史臣曰"，可知皆出思廉补撰。

《四库提要》云："《陈书·姚察传》见二十七卷，载其撰梁、陈二史甚详，是书为奉诏所修，不同私撰，故不用序传之例，无庸以变古为嫌。惟察陈亡入隋，为秘书丞、北绛郡开国公，与同时江总、袁宪诸人，并稽新朝，历践华秩，而仍列传于《陈书》。揆以史例，失断限矣。"案《提要》所讥甚是，惟贞观修撰《隋书》，思廉未预其役，恐遂湮没父志，故列传于《陈书》，观传末有思廉在陈为某官，入隋为某官云云，盖具序传之意焉。

〔3〕《姚察传》末云："大业初，虞世基奏思廉踵成梁、陈二代史，自尔以来，稍就补续。"《四库提要》云："刘知幾《史通》谓'贞观初，思廉奉诏撰成二史，弥历九载，方始毕功'。而曾巩《校

上序》谓'姚察录梁、陈之事，其书未就，属子思廉继其业。武德五年，思廉受诏为《陈书》，贞观三年，论撰于秘书内省，十年正月壬子始上之'。是思廉编辑之功，固不止于九载矣。知幾又谓：'陈史初有顾野王、傅绛各为撰史学士，太建初，中书郎陆琼续撰诸篇，姚察就加删改。'是察之修史，实兼采三家。考《隋书·经籍志》有顾野王《陈书》三卷，傅绛《陈书》三卷，陆琼《陈书》四十二卷，即察所据之本，而思廉为傅绛、陆琼传，详述撰著，独不言其修史篇第，殊为疏略。至《顾野王传》撰国史纪传三百卷，与《隋志》卷帙不符，则疑《隋志》舛讹，思廉所记得其真也。"

南　史

　　《南史》[1]，本纪十卷[2]，列传七十卷[3]，凡八十卷。唐李延寿撰[4]。

　　〔1〕南朝自宋至陈一百七十年间，篡窃相寻，易代凡四，唐初修成梁、陈二史，合之宋、齐，亦云备具。然卷帙繁多，体例不一，李延寿乃合累朝之书，勒为通史，上起宋世，下讫陈代，删除烦芜，力求简净。亦有本书语略而《南史》增之者，有本书与《南史》互异其事者。唐、宋二代，学者多习其书，四朝正史，反有散佚，幸此史具在，赖以校核残缺，不可谓非延寿之功也。《四库》正史类列《南》《北》史于《隋书》之后，赵翼以为应移《隋志》于《南》《北》史之后。其说曰："陈寿《三国志》、习凿齿《汉晋春秋》皆无志，故沈约《宋书》并前代所阙者补之。《南》《北》史亦但有纪传无表志，《隋书》诸志则兼载梁、陈、周、齐各朝制度，盖唐初修梁、陈、周、齐、隋五代史时，若每史各系以志，未免繁琐，且各朝制度多属相同，合修一书益可见沿革之迹，故梁、陈、周、齐但作纪传而志则总列之于《隋书》也。然既曰《隋书》，而纪传专记隋事，制度兼及四朝，名实殊不相称，是《南》《北》史之无志，既属缺典，而《隋书》之兼志前代，又多赘词，似应以《隋书》各志移于《南》《北》史之后，以成完书。否则观《南》《北》史者，当参观《隋志》也。"

案《四库》以附庸视《南》《北》史，故置于《隋书》之下；赵氏欲移《隋志》于《南》《北》史后，其见甚卓，惟割裂史文，亦似未宜。不如以《南史》总宋、齐、梁、陈四代，以《北史》总魏、齐、周三代，最后以《隋书》承之，总结禅周灭陈之事迹与夫八代典制之源委，以观其会通，如此似较顺适，故本书论宋、齐、梁、陈四史后，即继以《南史》也。恐意未明晓，作表如下：

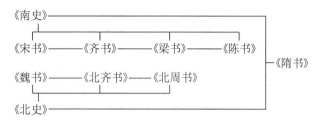

《南史》既以宋、齐、梁、陈四代之史为根据，删繁补漏，颇可寻核，兹本赵翼《廿二史札记》及《陔餘丛考》分述如下：

①《南史》删《宋书》处

《南》《北》史大概就各朝正史量为删减，《魏书》《宋书》所删较多。然《魏书》尚不过删十之二三，《宋书》则删十之五六，盖《宋书》本过于繁冗，凡诏诰符檄表悉载全文，一字不遗，故不觉卷帙之多也。今就纪传所载，略摘于下：

（a）《宋书·刘裕本纪》有十五诏，五策，一玺书，一令，三表，二疏，二书，一檄，一祭文，共文三十一篇。《南史》惟存韩延之答裕一书，以见休之被伐之枉，及《九锡文》一，《禅位策》一，登极后《告天策》一，以见革易之典故，而其他概从删削。太史令所奏祥瑞，《宋书》但括之云数十条。《南史》以《宋书》不载，反备载之，此亦好异之过。

（b）《宋书》列传如：

《王弘传》载六议，二表，三疏，二诏，一书。

《徐羡之传》载三表，一诏。

《谢晦传》载一疏，一罪状，一檄，一表，又《悲人道》一篇。

《谢灵运传》载其《撰征赋》一篇一万余字，《山居赋》一篇数万字，《劝伐河北疏》二千字。

《颜延之传》载其《庭诰》一篇四千余字。

《邓琬传》虽无书疏，而专叙浓湖赭圻之战，至一二万字，竟似演义小说，又如记功册籍。

《南史》于此等处一概删削。其余如《王徽传》《何承天传》《何尚之传》《袁豹传》《沈攸之传》《王僧达传》《孔灵符传》《颜竣传》《顾恺之传》《周朗传》《吴喜传》《建平王宏传》，所载奏疏等文亦多删削。

其有关系者，则隐括为数语存之，可谓简净得史裁之正矣。宜乎宋子京谓其刊落酿词，过于旧书远甚也。

②《南史》增《齐书》处

《南史》删削《宋书》，以其所载章表符檄本多芜词也。于齐惟不删，且大增补。今以两书相校，惟豫章王嶷及竟陵王子良二传，多所删削，其他则各有所增，摘录如下：

（a）《王俭传》增齐高帝为相，俭请问于帝曰云云一段，又引《汉书》、《魏都赋》、《晋典》、《劝进表》、《春秋》曹世子来朝等文。

（b）《褚渊传》增幼时父湛之有所爱牛堕井一段，及后废帝时袁粲知渊私于齐高事。

（c）《王敬则传》增生时母为女巫等事。

（d）《柳世隆传》增世隆初起兵应明帝为孔道存所败等事。

其余如《张敬儿传》《张瓌传》《周奉叔传》《王广之传》《武陵王奕传》《宜都王铿传》《河东王铉传》《鱼复侯子响传》《晋安王懋传》《建安王子真传》《南海王子罕传》《巴陵王子伦传》，皆有增补。《豫章王嶷传》及《竟陵王子良传》虽多删削，然亦有增处。

③《南史》增删《梁书》处

《南史》增《梁书》事迹最多，李延寿专以博采见长，正史所有文词，必删汰之，事迹必钀括之以归简净；而于正史所无者，凡琐言碎事，新奇可喜之事迹无不补缀入卷。而《梁书》本据国史旧文，有关系则书，无关系则不书，即有关系而其中不无忌讳，亦即隐而不书，故行文最简，遂觉《南史》所增益多也。今略举其增删处，两相比较，可以见二书之大概也。

甲　《南史》删《梁书》处

（a）《梁武本纪》载帝在雍州，与长兄懿谋共起兵靖乱事甚详，《南史》删去，而入之《懿传》。《梁书》不为懿立传，《南史》有。

（b）《梁武本纪》有令四，九锡文一，百僚劝进文二，诏二，檄一，玺书一，为《南史》删去。但存九锡文、劝进文各一篇。

（c）《元帝纪》有劝进表四，檄一，诏一，为《南史》删去。只存王僧辩等劝进表一。

（d）《王僧辩传》有三书二启，为《南史》所删。

其余如《简文纪》、《沈约传》《郊居赋》一篇三千余字、《萧昱传》、《许懋传》等均有删削。

乙　《南史》增《梁书》有关系处

（a）《元帝纪》增帝性情矫饰，多猜忌，于名无所假借等事。

（b）《徐妃传》增妃不见礼于元帝，二三年始一入房事。

（c）《昭明太子传》增丁贵嫔薨，太子求善基地事。

（d）《任昉传》增刘孝标《广绝交论》。

其余如《武帝纪》《南康王会理传》《临贺王正德传》《萧懿传》《萧藻传》《临川王宏传》《南平王伟传》《鄱阳王恢传》《沈约传》《范云传》《徐勉传》《朱异传》等，皆有增益，所增事多有关于人之善恶、事之成败者。

丙 《南史》增《梁书》琐言碎事

（a）《武帝纪》增帝兵围郢州，城将破，有毛人数百泣投黄鹄矶等事。

（b）《元帝纪》增武帝梦眇目僧托生宫中等事。

（c）《郗皇后传》增后酷妒及终化为龙事。

（d）《江淹传》增晚年梦张景阳索锦、郭璞索笔事。

其余如《简文纪》《丁贵嫔传》《昭明太子传》《南康王会理传》《广陵王续传》《武陵王纪传》《临贺王正德传》《萧昂传》《萧业传》《萧藻传》《南平王伟传》《范云传》《任昉传》《王僧孺传》《胡僧祐传》《阴子春传》《杜岸传》等，所增皆琐言碎事，无甚关系者。李延寿修史，专以博采异闻，资人谈助为能事，故凡稍涉新奇者，必罗列不遗，一一装入，即记载相同者，亦必稍异其词，以骇观听，无怪行文转多涩滞，不如《梁书》之爽劲也。

④《南史》于《陈书》无甚增删

《南史》于他书多所增删，独至《陈书》则甚少。今以两书比对，如：

甲 《南史》删《陈书》处

（a）《周铁虎传》删马明战死之事。

（b）《任忠传》删沈客卿、施文庆弄权误国之事。

（c）《华皎传》删戴僧朔、曹庆、钱明、鲁闲、席慧略等附见之事。

（d）《傅縡传》删其《明道论》一篇。

（e）《沈炯传》删请终养一疏、答诏一篇。

（f）《江总传》删其《修心赋》一篇。

其余如杜僧明、周文育、侯安都、侯瑱、欧阳颁、吴明彻、黄法氍、淳于量、章昭达、程灵洗等传，大概相同，但稍节其字句耳。

乙 《南史》增《陈书》处

（a）《萧摩诃传》增被执不挠事。

（b）《陈慧纪传》增不得已降隋事。

（c）《任忠传》增隋文帝悔不杀任蛮奴事。

（d）《傅縡传》增死后有蛇屈尾来上灵床事。

此皆《陈书》所无而《南史》增之者，其余但删减行墨，而绝无添列事迹，盖李延寿修《南》《北》二史，阅十七年，至修《陈书》则或已精力渐竭，故不能多为收辑耳。

〔2〕本纪十卷内：

宋本纪三卷①武帝（刘裕）、少帝（刘义符）②文帝（刘义隆）、孝武帝（刘骏）、前废帝（刘子业）③明帝（刘彧）、后废帝（刘昱）、顺帝（刘准）

齐本纪二卷①高帝（萧道成）、武帝（萧赜）②废帝郁林王（萧昭业）、废帝海陵王（萧昭文）、明帝（萧鸾）、废帝东昏侯（萧宝卷）、和帝（萧宝融）

梁本纪三卷①及②武帝（萧衍）③简文帝（萧纲）、元帝（萧绎）、敬帝（萧方智）

陈本纪二卷①武帝（陈霸先）、文帝（陈蒨）、废帝（陈伯宗）②宣帝（陈顼）、后主（陈叔宝）

〔3〕列传七十卷，其以种类为标题者，有：

①循吏 ②儒林
③文学 ④孝义二卷
⑤隐逸二卷 ⑥恩幸二卷
⑦夷貊二卷 ⑧贼臣

李延寿合累朝之书，勒为通史，发凡起例，宜归画一。今延寿于《循吏》《儒林》《隐逸传》，既递载四朝人物，而《文学》一传，乃因《宋书》不立此目，遂始于齐之丘灵鞠，岂宋无文学乎？《孝义传》搜缀湮落，以备阙文，而萧矫妻羊氏，卫敬瑜妻王氏，先后互载，男女无别，将谓史不当有《列女传》乎？况《北史》谓《周书》无《文苑传》，遂取列传中之庾信、王褒入于《文苑》，则宋之谢灵运、颜延之、何承天、裴松之诸人，何难移冠《文苑》之前。《北史》谓魏、隋有《列女传》，齐、周并无此篇，今又得赵氏、陈氏附备《列女》，则宛陵女子等十四人，何难取补《列女》之阙。书成一手，而例出两歧，实不可解。《四库提要》语。

《廿二史札记》曰："传一人而其子孙皆附传内，此《史记》世家例也。至列传则各因其人之可传而传之，自不必及其后裔，间有父子祖孙各可传者，则牵连书之。若一人立传，而其子孙兄弟宗族，不论有官无官，有事无事，一概附入，竟似代人作家谱，则自魏收始。收谓中原丧乱，谱牒遗佚，是以具书支派，然当时杨愔、陆操等，已谓其过于繁碎；乃《南》《北》史仿之，而更有甚者。《魏书》一传数十人，尚只是元魏一朝之人；《南》《北》史则并其子孙之仕于列朝，俱附此一人之后，遂使一传之中，南朝则有仕于宋者，又有仕于齐、梁及陈者；北朝则有仕于魏者，又有仕于齐、周、隋者。每阅一传，即当检阅数朝之事，转觉眉目不清。且史虽分南北，而南北又分各朝，今既以子孙附祖父，则魏史内又有齐、周、隋之人，成何魏史乎？宋史内又有齐、梁、陈之人，成何宋史乎？又如褚渊、王俭为萧齐开国文臣之首，而渊附于宋代《褚裕之传》内，俭附于宋代《王昙首传》内，遂觉萧齐少此二人，则宋又多此二人，此究是作史者之弄巧成拙，其后宋子京修《唐书》，反奉以为成例而踵行之，其意以为简括，而不知究非史法也。"

〔4〕《唐会要》云："先是宋、齐、梁、魏、齐、周、隋，天下参隔，南方谓北为索虏，北指南为岛夷，互相抵毁，延寿父思所以改正，事未成而卒。延寿乃续父业，谓之《南史》《北史》，百八十

篇。详于北而略于南，以唐承隋，隋承周故也。"《南》《北》史原委见于李延寿《自序》。其父大师，少有著述之志，以宋、齐、梁、陈、魏、齐、周、隋南北分隔，南谓北为索虏，北谓南为岛夷，其史皆详于本国，而略于他国。欲仿《吴越春秋》体编年纪之。客于侍中杨恭仁家，有宋、齐、梁、魏四代史，因渐次编辑，未毕而没。延寿欲继先志，适在颜师古、孔颖达佐修名下，因得齐、梁、陈等五代旧事目所未睹者，合之家中旧本，参订编次，尚多所阙。贞观十五年，令狐德棻奏延寿同修《晋书》，因复得入内府勘究宋、齐、魏三代之事。十七年褚遂良又奏延寿佐修《隋书》十志，因益得披寻校勘。时史局中梁、陈、周、齐、隋五代史已就，以十志未成，故未颁行。延寿不敢使人抄录，乃手自缮写。又于此正史外，参考杂史一千余卷，然后成书。前后凡十六年，既迄事，呈令狐德棻阅毕，始表上之，时已在高宗之世。此《南》《北》史始末也。

按延寿修史时，沈约《宋书》，萧子显《齐书》，魏收、魏澹两家《魏书》，皆已流布，梁、陈、周、齐、隋五史，虽未颁行，而延寿同在纂修之列，故得抄录以为底本，而参考杂史以成之。删去芜词，专叙实事，大概较原书事多而文省，洵称良史。然其中增删亦有不同者，今以各原书核对，延寿于宋、齐、魏三史，删汰最多，以此三史本芜杂太甚也。于梁、陈、周、齐、隋五史，则增删俱不甚多。以此五史，本唐初名人所修，延寿亦在纂辑之列，已属善本故也。《陔餘丛考》语。《新唐书·李延寿传》称其书颇有条理，删落酿词，过本书甚远。时人见年少位下，不甚称其书。《旧唐书》则以延寿附《令狐德棻传》下，云"李延寿者"，添一者字意似轻之。司马温公称李延寿书，亦近世之佳史。晁公武《读书志》谓其删繁补缺，过本史远甚，今学者止观其书，沈约、魏收等撰皆不行。独阙本志，而《隋书》有之，故《隋书》亦传于世。观此诸文，类皆推崇延寿，以其书卷帙较简，便于抄录也。至南北八朝史虽多成于唐初，《宋书》成于齐，《齐书》成于梁，《魏书》成于北魏，其余均成于唐初。而实未尝行，观苏洵等《进陈书表》谓"《陈书》与《宋书》、《魏》、《齐》、《梁》等书，传之者少，秘书所藏亦多脱误"，则诸史至北宋亦未行且有残阙也。刘攽等校《北齐书》云：《文襄纪》其首与《北史》同，而末多取魏《孝静帝纪》。语多不录。自镂板之法发明，于是诸史始得保全，然究未若《南》《北》史为学者称道不衰。王鸣盛力攻南北史，主读本史，其意甚是，而语或过当，似非平允之论。说详王氏《十七史商榷》。

魏　书

《魏书》[1]，帝纪十二[2]，列传九十二[3]，志十[4]，共一百三十卷[5]。齐魏收撰[6]。褒贬肆情，号称秽史[7]。收没之后，亡逸不完者二十九篇[8]。

〔1〕魏自拓跋硅道武帝创业，至胡太后临朝。孝明帝死后，尔朱荣起兵，沉太后、少帝于河，立长乐王子攸为帝，是为孝庄帝。帝以荣肆横，手杀之，尔朱兆等称兵害帝，立长广王晔；又以晔诏禅位于广陵王恭，是为前废帝节闵帝。高欢起兵讨尔朱氏，废节闵而立平阳王修，是为孝武帝。未几帝与欢不协，乃西迁关中，依宇文泰。欢别立善见为帝，是为东魏。而孝武为西魏。魏收在北齐修《魏书》，欲以齐继魏为正统，故自孝武后，即以东魏孝静帝继之，而孝武后诸帝不复作纪。故今之《魏书》乃魏及东魏之史也。

〔2〕帝纪十二，为卷十四，以世祖太武帝拓跋焘、高祖孝文帝元宏两纪各分上下卷也。

帝纪首列《序纪》，自称其先出于黄帝少子昌意之后，积六十七世，有名毛成帝、贷节帝、观庄帝、楼明帝、诘汾圣武帝者，凡十四帝。拓跋珪建国称帝，悉追尊为皇帝，又尊其始祖力微为神元皇帝诘汾之子、沙漠汗为文帝、悉鹿为章帝……至什翼犍，凡十三帝，其谥号名讳皆出追制，可谓不经之甚矣。其中惟猗㐌、猗卢、郁律、翳槐、什翼犍五名可据。

《廿二史札记》曰："按魏澹谓平文名郁律以前，本部落之君长，道武远追二十八帝，实越典礼。今《魏书》及《北史》所载止二十七帝，殊不合魏澹所云。考平文时，长孙斤反，拔刀向御前，太子实格之，伤胁而薨，后追谥为献明帝。所云二十八帝者，献明当在内也。《魏书》《北史》以献明未登位，无事可纪，故缺之耳。"案赵说甚是。惟长孙斤谋反，在昭成帝什翼犍三十四年春，实即什翼犍之子。非平文帝事，赵氏误记。

〔3〕列传九十二，为卷九十六，以《景穆十二王传》分上中下三卷，《献文六王传》《外戚传》各分两卷也。其以种类为标题者：

①后妃　　②外戚　　③儒林　　④文苑　　⑤孝感

⑥节义　　⑦良吏　　⑧酷吏　　⑨逸士　　⑩艺术

⑪列女　　⑫恩幸　　⑬阉官　　⑭序传

其列传八十三至九十一凡九卷，记别国之君主，桓玄亦为列传，以其尝篡晋也。各冠以种名，地名，或国名。亦有仅举国名，种名者如高句丽、蛮、獠、蠕蠕之类。略录如下：

①匈奴刘聪　　羯胡石勒……列传八十三

②僭晋司马睿即晋元帝　　賨李雄列传八十四

③岛夷桓玄　　海夷冯跋　　岛夷刘裕即宋武帝。列传八十五

④岛夷萧道成即齐高帝　　岛夷萧衍即梁武帝。列传八十六

⑤私署凉州牧张寔　　私署凉王李暠列传八十七

《魏书》最为芜冗。尤可厌者，一人立传，则其子孙不论有官无官，有功绩无功绩，皆附缀于后，有至数十人者。如《陆俟传》载其子孙馛、琇等十六七人，《李顺传》载其子孙敷、式等二十余人，以及卢元、李灵、崔逞、封彝皆载其子孙宗族数十人，一似代人作家谱者。所载之人，别无可纪，但叙其官阀一二语而已，则何必多费笔墨耶。当时陆操尝病其叙诸家枝叶亲姻过为繁碎，案《魏收

传》此是杨愔语，赵氏误为陆操。魏收谓因中原丧乱，谱牒遗亡，是以具书支派，此虽见其采辑之本意，而不尽然也。盖传中诸人子孙，多与收同时，收特以此周旋耳。以上《陔馀丛考》语。

案《魏书》附传可分二类：一为记有国之帝王，附其继嗣于传，此仿《史记》世家之体，尚无大误；二为记士大夫之眷属，则繁芜甚矣。附传之人，有为其人之祖或父者，有为附传之人之祖或父或远至族曾孙者，又有异姓多人附于一人之传后者如《裴叔业传》，又有异姓之人附传，复附其妻或宗族者，《北齐书·魏收传》谓收修史时，凡同修者祖宗姻戚，多被书录，饰以美言，则信乎其为秽史矣。

《魏书》书东晋元帝即位为司马睿僭大号于江南，其他如汉、赵、秦、燕诸国，斥之为僭为伪更无论矣。道武建号拓跋珪称帝以后，南北朝通使等事，其于南使之来，则书某遣某朝贡，如登国六年晋司马德宗晋安帝遣使朝贡是也；北使之去，则书遣使于某，如始光二年诏龙骧将军步堆使于刘义符宋废帝是也[1]。于宋、齐诸帝皆书为岛夷，如天赐元年岛夷刘裕宋武帝起兵诛桓玄是也。按《节闵帝纪》与梁通和，诏有司不得复称伪梁；可见节闵以前，国史所记，本是如此，然修史时何妨订正乎？《陔馀丛考》。

〔4〕魏收《序传》云："收于是与房延祐、辛元植、刁柔、裴昂之、高孝幹专总斟酌，以成《魏书》，《廿二史考异》云：按魏收上十志启，启末列名者，有辛元植、刁柔、高孝幹，而无房延祐、裴昂之，又多前西河太守綦毋怀文一人。辨定名称，随条甄举；又搜探亡遗，缀属后事，备一代史籍，表而上闻，勒成一代大典。凡十二纪，九十二列传，合一百

---

1 按：此句应有误。据《魏书·世祖纪上》载："（始光）二年……夏四月，诏龙骧将军步堆、谒者仆射胡觐使于刘义隆。"刘义隆为南朝宋文帝。

一十卷。五年三月奏上之。秋，除梁州刺史。收以志未成，奏请终业。许之。十一月复奏十志：

①天象四卷　　　②地形三卷

③律历二卷　　　④礼乐四卷今《魏书》目录礼四卷、乐一卷

⑤食货一卷　　　⑥刑罚一卷

⑦灵征二卷　　　⑧官氏二卷今《魏书》官氏仅一卷

⑨释老一卷

凡二十卷，续于纪传，合一百三十卷。"

案《魏书》十志，出于续成，故列纪传之后。又《序传》谓《礼乐》四卷，《官氏》二卷，考之志文，则《礼志》四卷，《乐志》一卷，凡五卷，《官氏志》仅一卷，两不相符，且依《序传》为志仅九，不得云十志，当是《序传》之文有误。

〔5〕帝纪十四卷，列传九十六卷，志二十卷，共一百三十卷。

〔6〕《魏书》自道武帝诏邓渊著《代记》十余卷，太武帝又诏崔浩撰《国书》三十卷，皆用编年体，孝文帝诏李彪、崔光改作纪传。彪后又有崔鸿、王遵业续撰。宣武帝又命邢峦追撰《孝文起居注》。又有济阴王晖业撰《辨宗室录》。此收书所本也。收在魏末即因高澄奏修国史，迄齐文宣时始成，众口沸腾，号为秽史。文宣敕《魏书》且弗施行，此收初成之本也。孝昭帝又诏收更加研审，收奉诏颇有改正，于是《魏书》遂行，此收初改之本也。武成帝又敕收更审，收更有回换，遂为卢同立传，先特为崔绰立传，至是绰反附书，而《杨愔传》又加"有魏以来一家而已"八字，此收再改之本也。后主纬天统五年，以魏收为尚书右仆射，武平四年，又诏史馆更撰《魏书》，按《魏书》李纬改作李系，盖以后主讳故避之，则知后主时又经修改，此又收三改之本也。然则《魏书》在收一人已四易稿，而其书尚芜杂若此，信乎作史之难也。以上《陔馀丛考》语。

案魏收志愿直笔东观，早成《魏书》，虽其人恃才使气，见当途贵游，则以言色相悦，人品颇卑。然处暴乱之朝，动辄获罪，揆以保身之义，曲笔徇情，未容苛责。《北齐书》谓其"提奖后辈，以名行为先，浮华轻险之徒，虽有才能勿重也"；又载其《枕中篇》谆谆以金人缄口为戒，则收实有不得已之苦衷在，后人论史似当稍为原宥。又《魏书》初成，众口喧然，由是改修再三，繁秽益甚，须知愈改则是非愈乱，设收能使当时谤史之人，皆各餍所望，则其繁秽恐将十百倍而不已也。

〔7〕《四库提要》云："收以是书为世所诟厉，号为秽史，今以《收传》考之，如云：'收受尔朱荣千金，故减其恶。'其实荣之凶悖，收未尝不书于册，至论中所云：'若修德义之风，则韩、彭、伊、霍，夫何足数！'反言见意，正史家之微词，指以虚褒，似未达其文义。又云：'杨愔、高德正势倾朝野，收遂为其家作传。其预修国史，得阳休之之助，因为休之父固作佳传。'案愔之先世，为杨椿、杨津；德正之先世，为高允、高祐，椿、津之孝友亮节，允之名德，祐之好学，实为魏代闻人，宁能以其门祚方昌，遂引嫌不录。况《北史·阳固传》称固以讥切聚敛，为王显所嫉，因奏固剩请米麦，免固官。从征硖石，李平奇固勇敢，军中大事悉与谋之，不云固以贪虐先为李平所弹也。李延寿书作于唐代，岂亦媚阳休之乎？又云：'卢同位至仪同，功业显著，不为立传；崔绰位止功曹，本无事迹，乃为首传。'夫卢同希元义之旨，多所诛戮，后以义党罢官，不得云功业显著；绰以卑秩见重于高允，称其道德，固当为传独行者所不遗。观卢文诉辞，徒以父位仪同，绰仅功曹，较量官秩之崇卑，争专传附传之荣辱，《魏书》初定本，卢同附卢元传，崔绰自有传，后奉敕更审，同立专传，绰改入附传。是亦未足服收也。盖收恃才轻薄，有惊蛱蝶之称，其德望本不足以服众；又魏、齐世近，著名

史籍者，并有子孙，孰不欲显荣其祖父，既不能一一如志，遂哗然群起而攻。平心而论，人非南董，岂信其一字无私？但互考诸书，证其所著，亦未甚远于是非，秽史之说，无乃已甚之词乎？李延寿修《北史》，多见馆中坠简，参合异同，每以收书为据，其为《收传》论云：'勒成魏籍，婉而有章，繁而不芜，志存实录。'其必有所见矣。今魏澹等之书俱佚，而收书终列于正史，殆亦恩怨并尽，而后是非乃明与？收叙事详赡而条例未密，多为魏澹所驳正，《北史》不取澹书而《澹传》存其叙例，绝不为掩其所短，则公论也。"《魏收传》谓："性颇急，不甚能平，凡有怨者多没其善，每言何物小子，敢共魏收作色！举之则使上天，按之当使入地。"疑此言亦出怨者之口，未可信也。

〔8〕宋范祖禹等《魏书序录》谓《魏书》"数百年间，亡逸不完者，无虑三十卷，今各疏于逐篇之末"。宋高似孙《史略二》谓收史阙纪二卷、传二十二卷。案《魏书》残阙者凡二十九卷，云三十，举成数也。兹列其篇目于下：

甲　帝纪凡缺者不书缺，不全者书不全

①《太宗明元帝纪》卷三。陈振孙《书录解题》引《中兴书目》谓收书阙《太宗纪》，以魏澹书补之。《魏书考证》："魏收书此纪阙，后人补以《北史》，又取高氏《小史》《修文殿御览》附益之。"高似孙《史略二》云："《太宗纪》则补以魏澹所作。"《陔馀丛考》云："刘贡父谓第三卷《太宗纪》，史馆旧本上有白签云此卷是魏澹史。而按其书法，与《澹传》所载体例又不合，较之《北史》亦不相同，则此卷难确指为非收原本也。"

②《孝静帝纪》卷十二。高似孙《史略》云："《静帝纪》则补以高峻《小史》。"《陔馀丛考》云："《孝静帝纪》非收原本，乃后人反抄《北史》以补之者也。然《魏书·孝静纪》内如高欢辞相国等事，乃《北史》所无，则非又全抄《北史》者。刘贡父谓是时尚有高氏《小史》及《修文殿御览》（亦北齐时书），后人取《北史》及此等书杂缀成篇，以补《魏书》之阙，理或然也。"

乙　列传

③《后妃传》卷十三。《四库提要》云："今以《御览》相校，则字句多同，惟

中有删节，而未附西魏五后，当亦取澹书以足成之。盖澹书至宋初尚不止仅存一卷，故为补缀者所取资。至澹书亦缺，始取《北史》以补之。（如崔彧、蒋少游及《西域传》）故《崇文总目》谓魏澹《魏史》、李延寿《北史》与收史相乱，卷第殊舛，是宋初已不能辨定矣。"《廿二史札记》云："后妃传内孝静帝后高氏下嫁杨遵彦，正见收之诏附遵彦，则此传实系收书，非抄《北史》之文也。"

④《神元平文诸帝子孙传》卷十四

⑤《昭成子孙传》卷十五。后人取《北史》补入。

⑥《明元六王列传》卷十七。后人取《北史》补入。

⑦《太武五王列传》卷十八

⑧《景穆十二王传》上卷十九。此传分上中下三卷，上卷缺，后人取《北史》补入。

⑨《文成五王传》卷二十

⑩《孝文五王传》卷二十二

⑪《长孙嵩长孙道生列传》卷二十五

⑫《王洛儿车路头等列传》卷三十四

⑬《綦儁山伟等列传》卷八十一

⑭《李琰之祖莹常景列传》卷八十二

⑮《外戚列传》上卷八十三上

⑯《外戚列传》下卷八十三下

⑰《儒林列传》不全。卷八十四

⑱《文苑列传》卷八十五

⑲《孝感列传》卷八十六

⑳《节义列传》卷八十七

㉑《酷吏列传》卷八十九

㉒《艺术列传》不全。卷九十一

㉓《列女列传》不全。卷九十二

㉔《氐杨难敌等列传》卷一百一

㉕《西域列传》卷一百二

㉖《蠕蠕等列传》卷一百三

㉗《序传》卷一百四

丙　志

㉘天象一之三卷一百五。文内为唐太宗避讳，当是唐人之书，后人取以补此。陈振孙《书录解题》云：天象二卷，以张太素书补之。又谓澹、太素之书既亡，惟此纪志独存，不知何据，是振孙亦疑未能定也。

㉙天象一之四卷一百五

以上阙者三十六卷，不全者三卷。

《四库提要》云："今所行本为宋刘恕、范祖禹等所校定，恕等《序录》谓：'隋魏澹更撰《后魏书》九十二卷，唐又有张太素《后魏书》一百卷，今皆不传。《魏书》惟以魏收书为主，校其亡逸不完者二十九篇，各疏于诸篇之末。'然其据何书以补阙，则恕等未言。"盖魏澹、李延寿、魏收三人之书，篇第相乱，宋初已不能辨，故刘恕等亦不能言也。

北齐书

《北齐书》[1]，本纪八卷[2]，列传四十二卷[3]，共五十卷。唐李百药奉敕撰[4]。

〔1〕《旧唐书·李百药传》谓：贞观元年李百药受诏撰《齐书》，十年成。晁公武《读书志》、陈振孙《书录解题》均题为《北齐书》。加"北"以别于南朝之萧齐，殆始于宋人。

〔2〕《北齐书》大致仿《后汉书》之体，卷后各系论称史臣曰赞，然其书自北宋以后，渐就散佚，故晁公武《读书志》已称残阙不完，今所行本盖后人杂取《北史》等书以补亡。试以《北史》核对，便自了然。盖《北史》虽据各史修成，而其间剪裁增损必大同小异，断无一字不差之理。钱大昕《廿二史考异》审定百药原本，仅存十八篇，盖残脱已十之五六矣。兹据《四库提要》《陔餘丛考》《廿二史考异》诸书所考，分说如下：

①《神武纪》前半篇与《北史》同。

②《文襄纪》《廿二史考异》云："《文襄帝纪》，'臣等详《文襄纪》其首与《北史》同而末多出于东魏《孝静纪》，其间与侯景往复书，见《梁书》景传，其所序列，尤无伦次。盖杂取之以成此书，非正史也'。按此宋嘉祐校刊诸臣所记。"

③《废帝纪》与《北史》同。

④《孝昭纪》与《北史》同。《陔餘丛考》云："《文宣纪》后一论，《孝昭纪》后亦一论，而孝昭论前半篇仍是文宣论，核之《北史》，文宣、孝昭总论，则一字不差。

盖《北齐书》孝昭纪与论俱亡，后人遂取《北史》内《孝昭纪论》补之，而论内又未删去文宣半篇，以致两卷之间文宣论复出也。"

⑤《武成纪》《武成纪》一卷，无论。《后主纪》一卷，有论。而其论系武成、后主合为一论，核之《北史》二帝同卷。

⑥《后主幼主纪》总论亦一字不差，此亦取《北史》补之，但分卷未分论也。

以上皆《北齐书》亡佚而后人补以《北史》者，帝纪中惟《文宣纪》与《北史》繁简互殊，可信为百药原书。百药史论皆称"史臣曰"，其称论曰者，皆《北史》之文也。《齐史》八纪已亡其七，惟此篇犹是旧文，而论不著史臣，当是后人所改。

〔3〕列传原书存者惟十七篇，其余大抵取《北史》补足之。十七篇者：

①赵郡王琛等列传第五

②段荣列传第八，卷十六

③斛律金列传第九，卷十七

④孙腾等列传第十，卷十八

⑤贺拔允等列传第十一，卷十九

⑥张琼等列传第十二，卷二十

⑦高乾等列传第十三，卷二十一

⑧李元忠等列传第十四，卷二十二

⑨魏兰根等列传第十五，卷二十三

⑩孙搴等列传第十六，卷二十四

⑪张纂等列传第十七，卷二十五

⑫暴显等列传第三十三，卷四十一

⑬阳斐等列传第三十四，卷四十二

⑭李稚廉等列传第三十五，卷四十三

⑮儒林传列传第三十六，卷四十四

⑯文苑传列传第三十七，卷四十五

⑰恩幸传列传第四十二，卷五十

以上十七篇，论赞皆备。可信为重规百药字原书。其余如：

①皇后列传第一，卷九。与《北史》字字相同，惟《北史》于后传外，兼传妃嫔，此则但有后传，盖从《北史》摘出而传。

②高祖十一王列传第二，卷十

③文襄六王列传第三，卷十一

④广平公盛等列传第六，卷十四

⑤窦泰等列传第七，卷十五

⑥薛琡等列传第十八，卷二十六

⑦万俟普等列传第十九，卷二十七

⑧李浑等列传第二十一，卷二十九

⑨崔暹等列传第二十二，卷三十

⑩王昕列传第二十三，卷三十一至尉瑾等列传第三十二，卷四十。自《王昕传》至此共十卷。

以上诸篇俱无论赞，其中薛琡等、万俟普等、李浑等、崔暹等、尉瑾等五篇文，与《北史》异。又元坦等列传第二十，卷二十八一篇，有赞无论。又：

①文宣四王等列传第四，卷十二。此篇有论，却合文襄诸子在内，与《北史》字字相同。盖《北史》自文襄诸子至后主诸子本合为一卷，故合为一论，而补书者但取《北史》各传分为二卷，而论未及分。故文襄诸子有传无论，文宣诸子以下有论而又兼文襄诸子也。

②循吏列传第三十八，卷四十六

③酷吏列传第三十九，卷四十七

④外戚列传第四十，卷四十八

⑤方伎列传第四十一，卷四十九

以上五篇：①有论无赞，②至⑤无论赞而有序，文亦与《北史》异，大抵后人取高氏《小史》补之。

〔4〕《史通·正史》篇曰："李德林在齐预修国史，创纪传书二十七卷。至开皇初，奉诏续撰，增多齐史三十八篇，以上送官。藏之秘府。贞观初，敕其子中书舍人百药仍其旧录，杂采他书，演为五十卷。"《廿二史考异》云："百药修史在唐贞观初，乃南监本每卷首题云'隋太子通事舍人李百药撰'。明人之无学如此！"

周　书

《周书》，本纪八卷^[1]，列传四十二卷^[2]，共五十卷。唐令狐德棻奉敕撰^[3]。

〔1〕《陔餘丛考》云："后周时寰宇瓜分，列国鼎沸，北则有东魏、高齐，南则有梁、陈，迁革废兴，岁更月异，《周书》本纪一一书之，使阅者一览了然，此书法之最得者也。"

〔2〕列传中以种类为标题者仅《皇后》《儒林》《孝义》《艺术》《异域》上下二卷等篇，优于他史之任立名目。《梁书》萧詧无传，以其虽称帝三世，然皆臣属于周、隋也。《周书》为詧立传，而以二十六人附于传末，亦见德棻位置之苦心。又书中剪裁颇净，如《赵贵等传》后总叙八柱国、十二大将军，以见一代策勋之典；《苏绰传》载其六条诏书及《大诰》全篇，以见一代创制之事；《宇文护传》载其母子相寄之书，千载下神情如见。《王褒传》载其寄周弘让书，《庾信传》载其《哀江南赋》，此二人皆以才著，故特存之，以见一班。非如《宋》《魏》书之广辑芜词，以充卷帙也。

《四库提要》云："晁公武《读书志》称宋仁宗时，出太清楼本合史馆秘阁本，又募天下书而取夏竦、李巽家本，下馆阁是正其文字，其后林希、王安国上之。是北宋重校，尚不云有所散佚。今考其书则残阙殊甚，多取《北史》以补亡，又多有所窜乱，而皆不标其所移掇者何卷，所改者何篇，遂与德棻原书混淆莫辨。今案其文

87

义，粗寻梗概，则二十五卷《李贤传》。案此微误，《李贤传》后有论，卷二十四《卢辩传》后无论。此传与《北史》颇异，脱漏尤多、二十六卷长孙俭等传与《北史》多异、三十一卷韦孝宽等传全取《北史》、三十二卷申徽等传全取《北史》、三十三卷厍狄峙等传取《北史》而小有异，俱传后无论，其传文多同《北史》，惟更易《北史》之称周文者为太祖，《韦孝宽传》连书周文、周孝闵帝则更易尚有未尽。至《王庆传》连书大象元年、开皇元年，不言其自周入隋，尤剽取《北史》之显证矣。"

〔3〕《周书》叙事，繁简得宜，文笔亦极简劲，本令狐德棻所撰也。德棻在当时修史十八人中，最为先进，各史体例皆其所定。兼又总裁诸史，而《周书》乃其一手所成。武德中诏修各史，德棻已奉敕与庾俭修《周书》。贞观中再诏修诸史，德棻又奉敕与岑文本修《周书》，继又引崔仁师佐修，是同修者虽有数人，而始终其事者德棻也。李延寿《南》《北》二史，亦先就正于德棻，然后敢表上，则可知德棻宿学，为时所宗矣。《陔馀丛考》。

北　史

《北史》[1]，本纪十二卷[2]，列传八十八卷[3]，凡一百卷[4]。唐李延寿撰[5]。《南》《北》二史虽出一人之手，然复传未免[6]；又颇有残阙，惟不多耳[7]。

〔1〕《北史·序传·进书表》云："起魏登国元年，尽隋义宁二年，凡三代二百四十四年，兼自东魏天平元年，尽齐隆化二年，又四十四年行事，总编为本纪十二卷，列传八十八卷，谓之《北史》。"《北史》所载为魏、齐、周、隋四代之事，其文悉本旧史，延寿自谓除其冗长，捃其菁华，若文之所安，则因而不改，不敢苟申管见。兹本赵翼《廿二史札记》及《陔餘丛考》之说，举其与旧史增损异同之处如下。

（一）《北史》与《魏书》

李延寿修《北史》时，魏收、魏澹二书并存，史称澹书义例极严，则延寿魏史自应以澹书为本，乃今与魏收书一一核对，惟道武、太武、献文《魏书》于三帝被弑，皆为文讳，《北史》则直书不讳之殂及以西魏为正统，此盖用魏澹之例，其他纪传则多本魏收书，但删繁就简耳。

甲　《北史》同《魏书》处

《北史》与《魏书》异者甚少，似全据收书以成之。如：

①《魏书》太武、景穆、文成、献文各为一论，《北史》合数帝为一论，而皆取收论檃括成篇。

②《孝文纪论》，《皇后传序》前半篇，景穆诸子阳平王以下一卷传论前半篇，又长孙嵩列传第十、丘堆、娥清、王洛儿、车路头、卢鲁元、陈建以上均在列传第十三、陆俟、刘尼列传第十六、司马楚之列传第十七、王慧龙列传第二十三等传，悉用收书原文，惟间有删节耳。

③《魏书》称高欢为齐献武王，高澄曰齐文宣王，魏收于齐文宣时作书，固应如此，《北史》元传、友传、元瑾传屡称齐文襄，全用收原文，并此亦不改易。

④《魏书·太武本纪》太平真君五年二月"行幸庐"，此下必有缺文，而《北史》魏本纪第二亦书"行幸庐"。

⑤《魏书·孝文本纪》太和六年诏以"四下为外寝"。"四下"二字必有讹误，而《北史》魏本纪第三亦云"四下为外寝"。

凡此皆可见《北史》全未改收书也。

乙　《北史》删《魏书》处

《南》《北》史本就各朝原史删成，然《南史》于原史外，尚多有加增，《北史》于元魏纪传，则但有删减耳。今一一核对，《北史》所增于《魏书》者，惟：

①《元谌传》增其与尔朱荣争论迁洛一事。

②《元和传》增其少为孙天恩所打，后出守东郡，杀其一家报仇之事。

③《薛辩传》增其父强辞桓温、苻坚之辟一事。

④《卢怀仁传》增其善与人交，有太丘道广，嵇生峭立，皆非中道等语。

⑤《李显甫传》增其聚宗族开李鱼川以避贼一事。

其他则但删削原书，十存五六，绝无增辑也。

其删削原书较为简净者，如：

①《刘文晔传》，《魏书》载其诉父休宾功大赏薄，酬对凡二十余字，《北史》但以一语括之。

②《房景先传》，《魏书》载其《五经疑问》十余条，《北史》尽删之。

③《李孝伯传》，《魏书》载其与张畅语几二千字，《北史》仅存其半。

此皆过旧书远甚，然又有失之太简者，如：

①《孝庄纪》_{魏本纪第五}，凡群盗名号及以冀州等七郡封尔朱荣为太原王，江丰杀元颢等事皆不书。

②《孝武纪》_{魏本纪第五}，不书高欢破擒尔朱天光、尔朱度律。

③列传中如尉古真、和跋、奚斤、长孙肥、郦范、薛彪子、奚眷、周观等传，往往删去功绩，失之过简。至于书南北交兵之事，尤为简略，此或《魏书》所载，本多不实；或因南北两朝国史，各自夸胜讳败，不相符合，故一切删之，以免歧互之失。

（二）《北史》与《北齐书》

《北史》于《魏书》大概删者多而增者少，以《魏书》本芜杂故也。于《周》《齐》诸书则增者甚多，盖《周》《齐》诸书修于贞观，而每书皆须进御，兼有魏徵等为总裁，故下笔不苟，其有琐言碎事，稍近于亵者，类从删削，史体固应如是也。兹略述其增损处如下：

甲　《北史》增《北齐书》处

《北史》增《北齐书》而善者，如：

①《高乾传》河阴之战高昂败逃被杀事，详于《齐书》。

②《慕容绍宗传》侯景畏绍宗事，详于《齐书》。

③《斛律光传》增冬月椎河冰，及祖信对祖珽以得宴射箭及挝奴仆枣木杖等事。

④《崔暹传》增其谏高澄不宜废辱妃元氏事。

⑤《薛修义传》增其守晋州事。

此皆增于《齐书》而能传其人之真者。然如：

①《高慎传》增高澄挑慎妻李氏事。

②《高昂传》增昂母张氏焚杀婢及猴，及与兄乾劫崔氏女事。

③《崔㥄传》增答郡守莫作贼之语及妾冯氏入狱与诸囚奸事。

《北史》所增如此类者，不一而足，此皆无所关系，徒以新奇可喜，眩人耳目，即不增亦可也。

乙　《北史》删《北齐书》处

《北史》本以删削繁冗为功，然其弊竟至过简，如：

①《赵郡王叡传》载其奏出和士开为刺史，此见其嫉恶刚正处，而《北史》删之。

②《司马子如传》载其劝尔朱世隆回兵向京，以见子如应变之略，而《北史》删之。

③《綦儁传》载儁拒贾显智事，此为魏帝与齐神武交恶之始，而《北史》删之。

④《慕容严传》，《北史》不书其守雍州与西魏战二百余日事。

⑤《孙腾传》不书其劝齐神武立中兴主元朗事。

⑥《尉长命传》不书其子兴敬战死芒山事。

此皆《北史》失之太简者也。

（三）《北史》与《周书》

《北史》于后周事，大概全据《周书》，如韦孝宽、韦夐附《孝宽传》、杨㯹、元定、杨荐、王庆等传，仍《周书》原文无所删改。其增于《周书》者如：

①《文帝纪》增追侯景不及事。

②《王罴传》增崔亮石亮举罴[1]，及河桥败后，开城门以安众心事。

③《冯景传》增贺拔岳不与齐神武结盟事。

④《尉迟迥传》增其起兵抗隋文时，州郡据地起兵应之者，凡数十人，一一书之。

⑤《卢辩传》增不为中兴主屈事。

⑥《长孙绍远传》增其与裴正议乐全文。

⑦《贺若敦传》增其临殁戒其子弼事。

凡此皆《周书》所无而《北史》增之，较为详备者也。其删《周书》者，如：

①《叱罗协传》删其破杨辟邪之功。

②《贺拔岳传》删其谏止尔朱荣称帝及劝杀齐神武事。

③《独孤信传》增其破田八能之功。

又《宇文贵传》《李贤传》《贺若敦传》《陆腾传》《伊娄传》《刘雄传》，《北史》于诸人功业皆有删削，未免过求简约之失。

（四）《北史》与《隋书》

《北史》于魏、齐、周正史，间有改订之处，惟于隋则全用《隋书》，略为删节，并无改正，且多有回护之处。如：

①隋文帝之篡，全录《隋书》，只删去《九锡文》。

②文帝杀宇文氏诸王，《北史》仅书诛某王，一似有罪而伏法者。

---

1 按：此句应有误。据《北史·王罴传》载："王罴，字熊罴……刺史崔亮有知人之鉴，见罴雅相钦挹。亮后转定州，启罴为长史。执政者恐罴不称，不许。及梁人寇硖石，亮为都督南讨，复启罴为长史，带锐军。朝廷以亮频举罴，故当可用。"

③周静帝被弑，《北史》书此，一似善终者。

④隋炀弑父事，《文帝纪》《炀帝纪》皆不见形迹，惟于《宣华夫人传》中略露端倪而已。

夫《隋书》书法，承历代相沿旧例，尚不足怪，李延寿自作私史，正当据事直书，垂于后世，何必有所瞻徇，乃忌讳如此？岂于隋独有所党附耶？抑《隋书》本延寿奉诏所修，其书法已如此，故不便歧互耶？然正史隐讳者，赖有私史，若依样胡卢，略无别白，则亦何贵乎自成一家言也。

〔2〕本纪十二卷，内：

魏本纪五卷第一卷序纪及道武、明元二帝。第二卷太武、文成、献文三帝。第三卷孝文帝。第四卷宣武、孝明二帝。第五卷孝庄、节闵、废帝、孝武、文帝、废帝、恭帝（自孝武至恭帝为西魏）、东魏孝静帝共八帝，孝庄、节闵间，尚有长广王晔，年号建明，《魏书》不为立纪，《北史》仍之，不能匡正。

齐本纪三卷第一卷神武、文襄二帝。第二卷文宣、废帝、孝昭三帝。第三卷武成、后主、幼主三帝。

周本纪二卷第一卷文帝、孝闵、明帝三帝。第二卷武帝、宣帝、静帝三帝。

隋本纪二卷第一卷文帝。第二卷炀帝、恭帝二帝。

〔3〕列传八十八卷，首列后妃传二卷第一卷魏代皇后。第二卷齐、周、隋三代后妃，次魏诸宗室列传及诸王列传共五卷，次魏诸臣列传共三十一卷，次齐宗室诸王列传共二卷，次齐诸臣列传共四卷，次周宗室诸王列传各一卷，次周诸臣列传共十二卷，次隋宗室诸王列传一卷，次隋诸臣列传共八卷，其下则：

①外戚一卷　　　②儒林二卷

③文苑一卷　　　④孝行一卷

⑤节义一卷　　　⑥循吏一卷

⑦酷吏一卷　　　⑧隐逸一卷

⑨艺术二卷　　　⑩列女一卷

⑪恩幸一卷　　　　⑫僭伪附庸七卷

⑬序传一卷

《四库提要》云："延寿既与修《隋书》十志，又世居北土，见闻较近，参核同异，于《北史》用力独深，故叙事详密，首尾典赡，如载元韶之奸利，彭乐之勇敢，郭琰、沓龙超诸人之节义，皆具见特笔；出郦道元于酷吏，附陆法和于艺术，杂合编次，亦深有别裁，视《南史》之多仍旧本者迥如两手。惟其以姓为类，分卷无法，《南史》以王、谢分支，《北史》亦以崔、卢系派，故家世族，一例连书，览其姓名，则同为父子，稽其朝代，则各有君臣，参错混淆，殆难辨别。甚至长孙俭附《长孙嵩传》，薛道衡附《薛辩传》，遥遥华胄，下逮云仍，隔越抑亦甚矣。考延寿之叙次列传，限断明分，乃独于一二高门，自乱其例，深所未安。至于杨素父子有关隋室兴亡，以其系出弘农，遂附见魏臣《杨敷传》后；又魏收及魏长贤诸人，本非父子兄弟，以其同为魏姓，遂合为一卷，尤为舛连。观延寿叙例，凡累代相承者，皆谓之家传，岂知家传之体，不当施于国史哉。"

《十七史商榷》云："前言《南史》并合宋、齐、梁、陈似成一代为非；又言以家为限断，一家之人，必聚于一篇，以一人提头而昆弟子姓后裔咸穿连之，使国史变作家谱，最为谬妄。今《北史》亦用此例，如《魏书》有《长孙嵩传》，《周书》有嵩之五世孙《俭传》，而《北史》则遂以俭入《嵩传》；《魏书》有《于栗磾传》，《周书》有栗磾之六世孙《谨传》，而《北史》则遂以谨入《栗磾传》；《魏书》有《封懿传》，《北齐书》有懿之族玄孙《隆之传》，而《北史》则遂以隆之入《懿传》。如此之类甚多，略举数条以明之。"苏威入父绰传，韩擒虎入父雄传，贺若弼入父敦传，亦同此失。《北史》编次各传，多有与正史异者，如：

①魏、齐、隋俱有《外戚传》《周书》无《外戚传》，《北史》以魏之刘罗辰、李峻、于劲、李延实，齐之娄叡、尔朱文畅、郑仲礼、李祖昇、元蛮，隋之独孤罗、萧岿，各附其家传。惟魏之贺讷、姚黄眉、杜超、贺迷、闾毗、冯熙、李惠、高肇、胡国珍，齐之赵猛、胡长仁入《外戚传》。

②《魏书·文苑传》有袁跃、裴敬宪、卢观、封肃、邢臧、裴伯茂、邢昕、温子昇。《北史》惟取子昇，其余各附其家传。

《齐书·文苑传》有祖鸿勋、李广、樊逊、刘逊、荀士逊、颜之推。《北史》惟取祖、李、樊、荀四人，其余亦各附其家传。

《周书》无《文苑传》。《北史》取王褒、庾信、颜之推及弟之仪。之推本在北齐《文苑传》内，后又仕周，故《北史》编入周代。

《隋书·文学传》有刘臻、崔儦、王颎、诸葛颖、王贞、孙万寿、虞绰、王胄、庾自直、潘徽，又增虞世基、许善心、柳䛒、明克让为《文苑传》，而崔儦、王颎、孙万寿各从其家传。

③《魏书》有《孝感传》，《周书》有《孝义传》，《隋书》有《孝义传》。《北史》则取魏之赵琰，周之李棠、柳桧、杜叔毗，隋之陆师彦、李德饶入别传及家传，其余入《孝行传》。

④《魏书》有《艺术传》，《齐书》有《方技传》，《周书》有《艺术传》，《隋书》有《艺术传》。《北史》则取魏之江式、崔彧，周之冀儁、黎景熙、赵文深各编列传，又增沙门灵远、李顺兴、檀特师、颜恶头并以陆法和、徐之才、何稠共为《艺术传》，其余入别传及家传。

⑤《魏书》《齐书》《周书》皆有《酷吏传》。《北史》则以高遵、羊祉、郦道元、谷楷、宋游道、卢斐、毕义云各从其家传，其余入《酷吏传》。《廿二史札记》。

⑥《魏书》《隋书》皆有《列女传》。《齐》《周》无。《北史》补孙

道温妻赵氏、孙神妻陈氏。二人皆在西魏时，《简明目录》谓延寿于齐则补《列女传》，说误。

〔4〕《四库提要》曰："《北史》一百卷，《文献通考》作八十卷，误也。"

〔5〕参阅上《南史》。

〔6〕《南》《北》史虽曰二书，实通为一家之著述，故延寿于《裴蕴传》云："祖之平、父忌《南史》有传。"《王颁传》云："父僧辨《南史》有传。"即互相贯通之旨也。乃复传甚多，如蛮貊诸国，在南者则宜载之《南史》，间有与北朝通使之事，即附见于本传中，而《北史》不必立传。在北者则宜载之《北史》，间有与南朝通使之事，亦附见于本传中，而《南史》不必立传。乃林邑诸国，既在《南史》矣，而《北史》又传之，蠕蠕诸国既在《北史》矣，而《南史》又传之。宕昌、高丽亦两史各见。以及刘昶《南史》晋熙王昶，《北史》刘昶传、薛安都《南史》取诸《宋书》，《北史》取诸《魏书》、萧宝寅《南史》鄱阳王宝寅传，《北史》萧宝寅传、萧综《南史》豫章王综、乐良王大圜传，《北史》萧赞（综入魏改名赞）、萧大圜传、萧祗、萧泰。

于南北各立传，殊属繁复。若以其本南朝人，奔北受官，则立传于北，而传中叙明其先在南朝世系功绩可矣。如羊侃曾立功于魏，后归梁，遂立传于南，而《北史》不复有传；裴叔业立功于齐，后降魏，遂立传于北，而《南史》不复立传。未尝不繁简得宜也。况《南史·崔慧景传》末云："旧史《慧景传》后有《裴叔业传》，今以其事终于魏，故不复立传于《南史》。"延寿亦自以南北并传为戒，乃何以于刘昶等复出如此，不几自乱其例耶？又羊侃归梁后，立功甚著，自宜立传在南；叔业则生平功绩，俱在萧齐，后虽兵败降魏，实未赴而卒，则于北朝本无事可纪，非侃之入梁立功可比，自应仍传于南，而于传末书明降魏未赴而卒之事，乃反不传于南而传于北，亦编次之未当也。据《南齐书·东昏纪》，降魏者乃其兄子植，叔业先死并未降魏也。萧摩诃立功于隋，又与汉王谅作乱，若循裴叔业之例，则应立传于《北史》，乃又传于南，而不传于北，可知《南》《北》史体例，亦不画一。《四库提要》及《陔馀丛考》。

《十七史商榷》云："《北史·毛修之传》附以朱修之，而《南史》毛、朱已各为一传。毛在南事迹虽多，终没于魏；朱在北事迹虽多，终没于宋；沈约本南人，况独修《宋书》，取其周备，概行收入，尚差可；延寿既以一手裁定八代为二，当核其人终南者归南，终北者归北，毛、朱两处有传，谬与薛安都同。"

〔7〕自宋以后，《魏书》《北齐书》《周书》皆残阙不全，征北朝之故实者，《北史》最为完备，然亦颇有亡阙，略录如下：

《隋炀帝纪》　《廿二史考异》曰："王懋竑云：'此纪全是《隋书》之文，略无增减，诏令载于《南》《北》史者，较本书不过十之二三，独此纪皆载全文，大业八年《征辽诏》千有余言，亦备载不遗一字，疑《北史》阙此卷，后人以《隋书》补之耳。《北史》本纪例称帝，此篇独称上，亦一证也。'大昕按《北史》纪传后皆有'论曰'，独此篇称'史臣曰'。"

《孝文六王传》　《廿二史考异》曰："孝文诸子，京兆王愉之子为西魏文帝；广平王怀之子为孝武帝，清河王怿之孙为孝静帝，而篇中皆不见其名，知此卷文字脱漏多矣。"

《广平王怀传》　《考异》云："此传全篇已亡，仅存三十二字，不知所谓。"

《魏收传》　《考异》云："《魏收传》自序：'汉初，魏无知封高良侯，子均，均子恢，恢子彦，彦子歆，歆子悦。'按魏悦与李孝伯同时，孝伯以女妻之，盖在太武之世，自汉初至后魏太武时，计六百余年，而无知至悦，仅传六世，此理之所必无者。魏收《自序》今已不传，后人又取此篇补之，要之必有脱文矣。"

《刘献之传》　　《考异》云："《儒林·刘献之传》：'傥不能然，虽复立身之道有何益乎？'按虽复下有脱文。《魏书》云：'虽复下帷针股，蹑屩从师正可博闻多识，不过为土龙乞雨，眩惑将来，其于立身之道，有何益乎？'凡多二十七字。"

《麦铁杖传》　　"诚而释之"下阙五字。

《荀济传》在《文苑》　　"遂奔魏馆于崔㥄家，及是见执。"及是见执句上脱去谋诛齐文襄事。

隋　书

　　《隋书》[1]，帝纪五[2]，列传五十[3]，唐魏徵等撰。志三十[4]，亦称《五代史志》[5]，唐长孙无忌等撰[6]。合八十五卷。

　　〔1〕《隋书》纪传五十卷，唐贞观三年魏徵等奉敕撰，贞观十年修成，此隋一代之史也。志三十卷，兼梁、陈、齐、周为之，本不得谓为隋志，惟当时已编入《隋书》，则亦无事割裂。赵翼《陔餘丛考》谓，应以《隋书》各志移于《南》《北》史之后，以成完书。况南北朝分立，至隋文篡周灭陈始行统一，正史序次，旧以《南》《北》史列《隋书》之下，系统颇非明显，何如于《南史》后，读《北史》中魏、周、齐三代之史，最后读《隋书》，如此南北并合之事迹既著，《北史》本悉取《隋书》原文，似可不读。各朝典章沿革，亦不致纷杂难寻，鄙意略改旧次以此。

　　〔2〕帝纪五卷，内高祖纪二卷、炀帝纪二卷、恭帝纪一卷。

　　纪传不出于一手，间有异同，如《文帝本纪》云"善相者赵昭"，而《艺术传》则作来和；又本纪云以贺若弼为楚州总管，而弼本传则作吴州。盖卷帙浩繁，抵牾在所不免。《四库提要》。

　　〔3〕列传之以种类为题者，有：

　　①后妃　　　②诚节　　　③孝义　　　④循吏
　　⑤酷吏　　　⑥儒林　　　⑦文学　　　⑧隐逸

⑨艺术　　　⑩外戚　　　⑪列女　　　⑫东夷

⑬南蛮　　　⑭西域　　　⑮北狄

列传第五十为宇文化及、王充等数人，疑亦有标题如贼臣之类，目录脱去。

《隋书》最为简练，盖当时作史者皆唐初名臣，且书成进御，故文笔严净如此。《南》《北》史虽工，然生色处多在琐言碎事，至据事直书，以一语括十数语，则尚不及也。或疑其记事多遗漏，如薛道衡死，炀帝曰："复能作'空梁落燕泥'否？"及李密牛角挂《汉书》，并侍直仗下，炀帝斥为黑色小儿之类，列传中皆不书，似觉疏略。不知此皆事之丛碎无关系者，不过世说及诗话中材料，本非正史所宜收，删之正见其取去得宜，未可轻议也。又如裴矩入唐为民部尚书，何稠入唐为将作匠，陈茂入唐为梁州总管，此宜俟他日编作唐臣，乃以其功绩多在隋世，遂为立传于《隋书》，更见当时公论在人，毫无忌讳。虞世南在贞观时，宠遇甚优，而其兄世基传内直书罪恶，不能稍掩，尤见史笔之严也。惟房彦谦在隋世本无事迹可纪，而特载其与张衡书数千百言，叙为佳传，未免以其子玄龄时方为相，且总知诸史，故稍存瞻徇耳。张衡与晋王广谋篡，文帝临危时，广使衡侍疾，俄而帝崩，此何等事，而《衡传》不载，仅于《宣华夫人传》内附见之，则亦未为直笔。《陔馀丛考》。

〔4〕《五代史志》凡十，分为三十卷，即附注多本《南江书录》语：

①礼仪志七卷。始于北齐、梁，以续前志。

②音乐志三卷。始于北齐、梁，以续前志。

③律历志三卷。此志首载备数、和声、审度、嘉量、权衡五篇，上溯魏、晋。与《晋书》之志复见。

④天文志三卷。此志所载地中、晷影漏刻经星、中宫二十八舍、十辉诸篇，亦上溯魏、晋，与《晋书》之志复见。律历、天文两志，皆李淳风撰。（《晋书》二志亦出淳风手。）

⑤**五行志**二卷。此志体例与律历、天文志异，疑不出于淳风。旧本作褚遂良撰者，不为无据。至以隋炀帝之告诫虞世南为言不从之咎，则深有见于人事合天之义，意存龟鉴，非汉儒妄谈灾异者所及，亦可见纯臣之用心矣。

⑥**食货志**一卷。此志约举终始，尚有与纪传参差者。

⑦**刑法志**一卷。亦有与纪传参差者。

⑧**百官志**三卷。辨明品秩，以别差等，能补萧子显、魏收所未备。

⑨**地理志**三卷。详载山川，以定疆域，亦能补萧、魏所未备。

⑩**经籍志**经一卷，史一卷，子一卷，集道经、佛经合二卷。此志编次无法，迹经学源流，每多舛误（如以二十八篇为伏生口传，而不知伏生自有书教齐鲁间；以《诗序》为卫宏所润益，而不知传自毛亨；以《小戴礼记》有《月令》《明堂位》《乐记》三篇为马融所增益，而不知刘向《别录礼记》已载此三篇），在十志中为最下。盖唐人重词章而疏经术，其端已见于此，固不能绍刘向、班固之绝业耳。然后汉以下之艺文，藉是志以考见源流，辨别真伪，亦不以小疵为病矣。

〔5〕《史通·正史》篇云："初太宗以梁、陈及齐、周、隋氏并未有书，乃命学士分修，使秘书监魏徵总知其务，凡有赞论，徵多预焉。始以贞观三年创造，至十八年方就，唯姚思廉贞观二年起功，多于诸史一岁。合为五代纪传，并目录凡二百五十二卷，书成，下于史阁。唯有十志，断为三十卷，寻拟续奏，未有其文，又诏于志宁、李淳风、韦安仁、李延寿同撰。其先撰史人唯令狐德棻重预其事。太宗崩后，刊勒始成，其篇第虽编入《隋书》，其实别行，俗呼为《五代史志》。"

〔6〕《隋书》纪传每卷首题"特进魏徵上"，志则题"太尉长孙无忌等奉敕撰"。其实贞观十五年命诸臣修志，无无忌名，直至永徽三年无忌始受诏监修。见本传。盖书已垂成，无忌适逢其会，因而表进，遂题名卷端也。显庆元年无忌表进。内《天文》《律历》《五行》三志，独出李淳风笔，《五行志序》相传是褚遂良作，按本传未尝受诏撰述，盖但为一序而已。《十七史商榷》。

旧唐书

《旧唐书》[1]，本纪二十[2]，志三十[3]，列传一百五十[4]，凡二百卷[5]。后晋刘昫等撰[6]。此书自唐中叶以前多本国史原文[7]。长庆穆宗年号以后，则语多支蔓[8]，盖丧乱之余，史失其官，昫等采掇成篇，故动乖体例也。

〔1〕《宋史·艺文志》：刘昫《唐书》二百卷，晁公武《郡斋读书志》、高似孙《史略》亦称刘昫《唐书》二百卷。然曾公亮《进书表》已有语省于旧之语，其后刘、欧二书，率以旧新为区别，称刘昫《唐书》为《旧唐书》由来久矣。《十七史商榷》云：刘昫等既修《唐书》，后宋命宋、欧等改修为《新唐书》，而昫书称《旧唐书》，久之遂废。《南江书录》云：此书流传者寡，明嘉靖中，余姚闻人诠购得纪志于吴中王氏，得列传于吴中张氏，始重事开雕，今监本所据，即闻人诠本也。诠本多讹字，无别本可校。如《元宗纪》立老子、庄子、列子、文子为四子学，今讹作文中子。《屈突通传》云"有愧相王"，以高祖位宰相封唐王故也，而不知者改为代王。前后脱误，难以枚举，参核考定，尚有待耳。

案《十七史商榷》卷六十九"《旧唐书》各种本不同，宜择善而从"条可参阅。

〔2〕本纪二十卷，内二十帝，一皇后。其第六卷为《则天皇后本纪》。《旧书》武后有本纪，遂不列后妃传，《新书》以其称制后，政事编作本纪，而猥亵诸迹，仍立传于皇后传内。

《廿二史札记》曰：五代修《唐书》，虽史籍已散失，然代宗以前尚有纪传，而庾传美得自蜀中者，亦尚有九朝《实录》。《后唐纪》云：闻成都有本朝《实录》，即命郎中庾传美往访，及归，仅得九朝《实录》而已。今细阅《旧书》文义，知此数朝纪传，多钞《实录》国史原文也。凡史修于易代之后，考核既确，未有不据事直书，若《实录》国史修于本朝，必多回护。观《旧书》回护之多，可知其全用《实录》国史，而不暇订正也。以本纪而论，如《高宗纪》书皇太子弘薨于绮云殿实由武后之鸩，书庶人贤死于巴邱实武后迫令自杀。《武后纪》不书薛怀义为行军大总管及以恣横被杀事，书张易之、张昌宗谋反被诛实张柬之等杀之，不书武三思诬杀张柬之等五王事。《玄宗纪》不书度杨贵妃为女道士事。至如穆宗以下诸帝，皆宦官所立，而本纪绝不书。凡故君纪内，必先书遗诏，以某嗣位；而于新君纪内，即书某月日枢前即位，一似授受得其正，皆先帝弥留时所定，而宦官无与者。此本纪之回护也。至会昌武宗年号以后，无复底本，杂取朝报吏牍补缀成之，故本纪书吴湘狱至千余字。咸通八年懿宗年号并将廷资库计帐贯匹之数琐屑开入，绝似民间计簿。其除官必先具旧衔，再入新衔，如以某官某人为某官，下至刺史，亦书于本纪，是以动辄累幅，虽邸抄除目无此繁芜也。然亦有未可轻訾者，凡本纪只略具事由，而其事则详于列传，此书如庞勋之乱，黄巢之乱，李茂贞、王行瑜等之劫迁，朱温之篡弑，即于本纪详之，不待翻阅各传，已一览了如。迁、固本有此体，非必纪内只摘事目也。

《廿二史考异》云：按《旧史》本纪，前后繁简不均，睿宗以前，文简而有法，明皇、肃、代以后，其文渐繁，懿、僖、昭、哀四朝，冗杂滋甚。姑以卷帙论之，自高祖至肃宗八世，百四十五年，为卷十，合计二百廿七叶；自代宗至哀帝十三世，百四十五年，亦为卷十，而自十七卷以后，分为上下，合计五百六十八叶。

年代相等，而文且倍又半之。且以高祖创业之君，在位九年，而纪止六千八百十有四言；哀帝政在强臣，在位不盈三载，而纪乃一万三千有二言。盖唐初五朝国史，经吴兢、韦述之手，笔削谨严；中叶以后，柳芳、令狐峘等，虽非史才，而叙事尚为完备；宣懿而后既无《实录》可稽，史官采访，意在求多，故卷帙滋繁，而事迹之矛盾益甚也。

〔3〕志三十卷，为目凡十一，列之如下：

①礼仪七卷　　②音乐四卷

③历三卷　　④天文二卷

⑤五行一卷　　⑥地理四卷

⑦职官三卷　　⑧舆服一卷

⑨经籍二卷　　⑩食货二卷

⑪刑法一卷

〔4〕列传之以种类为标题者，有：

①后妃二卷　　②外戚　　③宦官

④良吏二卷　　⑤酷吏二卷　　⑥忠义二卷

⑦孝友　　⑧儒学二卷　　⑨文苑三卷

⑩方伎　　⑪隐逸　　⑫列女

列传中，一人独为一卷者，惟李密列传第三、魏徵列传第二十一、郭子仪列传第七十、李晟列传第八十三、陆贽列传第八十九、裴度列传第一百二十数人。其余一传少者二三人，多者至三十二人。如肃宗、代宗诸子列传及德宗、顺宗诸子列传。

附传如《刘文静传》列传第七多至十六人，《窦威传》《郭子仪传》亦均十余人焉。

安禄山、高尚、孙孝哲、史思明列传第一百五十上、朱泚、黄巢、秦宗权第一百五十下诸人，皆一代叛逆，故居列传之末。

《南江书录》云："宋人讥其分卷舛谬，比类失伦，盖当日史官李崧、贾纬以意编排，诚不能无遗讥者。然如颜师古、孔颖达合为一卷，以著唐初修明经史之功；《韩愈传》后连及于张籍、孟郊、唐衢、李翱，列传第一百十，李翱下尚有宇文籍、刘禹锡、柳宗元、韦辞四人。以著元和古文复兴之盛。其余比次先后，多具深意，要亦未可厚非也。"案《文献通考》以《良吏》次《宦官》，《忠义》次《酷吏》，为《旧书》病，不知《外戚》与《宦官》，《良吏》与《酷吏》，《忠义》与《孝友》，皆各自以类相从，与他类绝无关系，不得谓《良吏》次《宦官》，《忠义》次《酷吏》也。然其编订之失实，亦不少。《陔余丛考》云："《旧书》列传七十二卷既有杨朝晟，乃九十四卷又有杨朝晟；五十一卷既有王求礼，乃一百二十七卷又有王求礼。考其事迹，实系一人两见，并非两人偶同姓名者。《四库提要》云：萧颖士既见于卷一百二，复见于卷一百九十《文苑传》。又列传目录，韦安石下有韦况，而传中竟无况，《韦安石传》末谓其兄叔夏另有传，然列传中竟无《韦叔夏传》。编订如此，则修史之草率可知。又张士贵，唐初功臣，乃编入高宗时诸将程务挺等传内，元献杨皇后在杨贵妃之前，乃编在贵妃后，此皆《旧书》之失当者。"

列传亦如本纪，多回护之词，如《皇后传》宪宗郭后在宣宗时不得其死见《新书》及《通鉴》，而《旧书》反谓宣宗事后，恩礼愈异于前朝；又宣宗母郑氏本李锜之妾，没入宫，生宣宗，而《旧书》讳其入宫之由；曹王明之母本齐王元吉妃，太宗纳之而生明，后即以明为元吉后，而《旧书》不载；其余如《杨弘武传》不载"臣妻悍，此其所嘱，故不敢违"之讽帝时高宗宠任武氏；《苏良嗣传》不载批薛怀义颊，《褚遂良传》不载其倾陷刘洎，《李世勣传》不载其赞徇立武后，《辛云京传》不载其激变仆固怀恩，《田神功传》不载其先为贼将，《郝玭传》不载马璘不城临泾，《李辅国传》不载代宗遣人夜刺之事。凡此皆《实录》国史有所隐讳回护，《旧书》从而书之，不暇考订改正也。

〔5〕《旧书》二百卷，其分卷颇不画一。如太宗、高宗等纪分上下篇者，以一篇为一卷如太宗上卷二、太宗下卷三、高宗上卷四、高宗下卷五；又如顺宗、宪宗上合为卷十四，宪宗下为卷十五，亦以一篇为一卷；乃敬宗、文宗上则称卷十七上，文宗下称卷十七下，不知其所以异于《顺宪纪》者何在，宋人讥其分卷舛谬信然。若以一篇为一卷，全书实有二百四十卷。兹列其分一卷为上下者如下：

①本纪卷十七上敬宗、文宗上，下文宗下

②本纪卷十八上武宗、宣宗上，下宣宗下

③本纪卷十九上懿宗，下僖宗

④本纪卷二十上昭宗，下哀帝

⑤列传卷一百八十五良吏上下

⑥列传卷一百八十六酷吏上下

⑦列传卷一百八十七忠义上下

⑧列传卷一百八十九儒学上下

⑨列传卷一百九十文苑上中下

⑩列传卷一百九十四突厥上下

⑪列传卷一百九十六吐蕃上下

⑫列传卷一百九十九上东夷，下北狄

⑬列传卷二百上安禄山、高尚等，下朱泚、黄巢等

〔6〕晋出帝开运二年六月，监修国史刘昫、史官张昭远后以避刘知远讳，但名昭，《宋史》有传。以新修《唐书》纪志列传并目录凡二百三卷上之，赐器币有差《晋纪》，此《旧唐书》所以首列刘昫名也。然薛、欧二史《刘昫传》俱不载其有功于《唐书》之处，但书其官衔监修国史而已。盖昫为相时，《唐书》适讫功，遂由昫表上，其实

非昫所修也。唐末播迁，载籍散失，自高祖至代宗，尚有纪传，德宗亦存《实录》，武宗以后六代，惟武宗有《实录》一卷，余皆无之。《五代会要》。梁龙德元年史馆奏请令天下有记得会昌以后公私事迹者，抄录送官，皆须直书，不用词藻，凡内外臣僚奏行公事关涉制置沿革有可采者并送官。《梁纪》。唐长兴中史馆又奏宣宗以下四朝未有《实录》，请下两浙、荆湖等处，购募野史及除目朝报、逐朝日历、银台事宜、内外制词、百司簿籍上进，若民间收得或隐士撰成野史，亦令各列姓名请赏，从之。《后唐纪》及《五代会要》。闻成都有本朝《实录》，即命郎中庾传美往访，及归，仅得九朝《实录》而已。《后唐纪》。可见《唐书》因载籍散佚，历梁、唐数十年未底于成，直至晋始成书，则纂修诸臣搜剔补缀之功之不可没也。

今据薛、欧二史，及《五代会要》诸书考之：

①天福五年，诏张昭远、贾纬、赵熙、郑受益同修唐史，宰臣赵莹监修。《晋纪》。

②莹以唐代故事残阙，署能者居职，纂补《实录》及正史。《莹传》。

③贾纬丁忧归，莹又奏以吕琦、尹拙同修。《晋纪》。

④莹又奏请据史馆所缺《唐书》《实录》，下敕购求，况唐咸通中宰臣韦保衡与蒋伸、皇甫焕撰武宗、宣宗《实录》，皆因多事并未流传，今保衡、裴赟现有子孙居职，或其门生故吏亦有纪述者，请下三京诸道，凡有此数朝《实录》，令其进纳，量除官赏之。会昌至天祐，垂六十年，李德裕平上党，有武宗伐叛之书；康承训定徐方，有武宁本末之传。凡此之类，令中外臣僚有撰述者，不论年月多少，并许进纳，从之。《五代会要》。

是此事赵莹为监修，综理独周密，故莹本传谓《唐书》二百卷，莹首有力焉。昭宗一朝，全无纪注，天福中，张昭远重修唐史，始有《昭宗本纪》《五代史补》，是张昭远于此事，搜辑亦最勤，故刘昫上《唐书》时，与昭远同署名。昭远寻加爵邑，酬修史之劳也。《晋纪》。贾纬长于史学，以武宗之后无《实录》，采次传闻为《唐年补录》六十五卷，入史馆与修《唐书》。《纬传》。今《旧唐书》会昌以后纪传，盖纬所纂补；又赵熙修《唐书》成，授谏议大夫，赏其笔削之功。《熙传》。是则《旧唐书》之成，监修则赵莹之功居多；纂修则张昭远、贾纬、赵熙之功居多；而《刘昫传》并不载经画修书之事。今人但知《旧唐书》为昫所撰，而不知成之者乃赵莹、张昭远、贾纬、赵熙等也。《廿二史札记》。

〔7〕《唐书》修《实录》国史者皆当代名手，其见于各本纪列传及《艺文志》者，不下二十种，宣、懿、僖、昭、哀无《实录》。总辑各《实录》事迹勒成一家言，则又别有国史。唐时修国史，前后凡四次：

①吴兢在长安、景龙皆睿宗年号间[1]，任史事。武三思、张易之等监修，事多不实，兢不得志，乃私撰《唐书》《唐春秋》未就，后出为荆州司马，以史草自随，会萧嵩领国史，奏遣使就兢取其书凡六十余篇。《吴兢传》。

②开元、天宝间，韦述总撰一百一十二卷并史例一卷，萧颖士以为谯周、陈寿之流。《韦述传》。

③肃宗又命柳芳、韦述缀辑吴兢所次国史。述死，芳续成之。起高祖，讫乾元肃宗年号，凡一百三十篇。而叙天宝后事，去取不伦，史官病之。《柳芳传》。

④后芳谪巫州，会高力士亦贬在巫，因从力士质问，而国史已送官，不可改，乃仿编年法为《唐历》四十篇，以力士所传载于年

---

1 按：此句应有误。长安为武则天年号，景龙为唐中宗年号。

历之下，颇有异同。《芳传》。然《芳传》所作止于大历代宗年号，宣宗乃诏崔龟从、韦澳、李荀、张彦远及蒋偕分年撰次至元和宪宗年号为《续唐历》三十卷。蒋偕、崔龟从等传。

唐代《实录》国史本极详备，然中叶遭安禄山之乱，末造又遭黄巢、李茂贞、王行瑜、朱温等之乱，乃尽行散失。据《于休烈传》谓国史一百六卷，《开元实录》四十七卷，《起居注》并余书三千六百八十二卷，俱在兴庆宫，京城陷贼后，皆被焚。休烈奏请降敕招访，有人收得者送官重赏，数月内仅收得一两卷。高似孙《史略》作一二百卷，可以正史文一两卷之误。前史官韦述以其家藏国史一百一十三卷送于官在肃宗时，是天宝后所存仅韦述之本也。

广明僖宗年号乱后，书籍散亡，五代修《唐书》时，因会昌武宗年号以后，事迹无存，屡诏购访，据《旧唐书·宣宗纪》论云："宣宗贤主，虽汉文、景不过也，惜乎简籍遗落，十无二三。"又《五代会要》所云，有纪传者，惟代宗以前，德宗亦只存《实录》，武宗并只《实录》一卷。则虽有诏购访，而所得无几。此五代时修《唐书》之难也。

观上诸文，知代宗以前国史，至五代时尚存，即肃宗时韦述所献之本也。刘昫等修史，往往全钞旧文而未加勘订。如：

《唐临传》，临孙绍为给事中，先天二年今上讲武骊山，绍以修仪注不合旨，坐斩。时今上既怒，乃坐绍于纛下，李邈遽请宣旨斩之。先天乃睿宗年号，所谓今上据《新唐书》则玄宗也。盖玄宗时方为太子讲武也。

《徐有功传》，有功没后，中宗既赠越州刺史，今上践阼，窦希瑊请以己官让有功子愉，以报旧恩泽。今上谓玄宗。

《泽王上金传》，有今上字。今上亦谓玄宗。

《窦威传》，窦氏自武德至今再为外戚。谓今开元时。

可见以上四传，皆玄宗国史旧文。

《陈少游传》，代宗益厚待少游，上即位，累加尚书。上谓德宗。

《曲环传》，环以战功加特进太常卿，上初嗣位，吐蕃入寇，环又破之。上谓德宗。

此传当是《德宗实录》之文。

他如《郭元振传》云筑定远城，为行军计集之所，至今赖之。五代修史时，定远城久属塞外，何云至今赖之，此亦必开元中国史原文也。又《崔元翰传》李汧公李勉在滑台，辟元翰为从事；《薛伾传》谓尚父汾阳王召置麾下；按史传例皆书名，岂有称汧公、汾阳王者，此亦必崔氏、薛氏家状志传原文也。又如《顺宗纪论》题史臣韩愈，《宪宗纪论》题史臣蒋系，此诸论多仍当时旧文也。《刘仁轨传》后引韦述论云云。《仁轨传论》称仁轨为刘栾城，《裴行俭传论》称行俭为裴闻喜，《郝处俊传论》称处俊为甑山，不称名而称爵号，史家无此法，更可见韦述当日尊呼前辈之称，而非易代史官之词也。

此外有称我《玄宗纪》《经籍志》《北狄传》《安禄山传论》、我朝尹思贞、李抱真、崔慎由等传赞，《文苑传序》、我宗李勉等传赞、皇朝、皇家、国家《职官志》者，有称中兴者《太宗诸子传》《高祖诸子传》《文苑传》，盖谓中宗神龙初也。皆国史旧称，不及改订之故。

又如《杨炎传》，肃宗就加散骑常侍，赐号玄靖先生，名在《逸人传》，案旧史有《隐逸传》，无《逸人传》；而《隐逸传》亦无播名，盖亦沿旧史而未刊正也。《高固传》云：事具前录，盖沿《宪宗实录》之文。

〔8〕《南江书录》云：长庆以后，史失其官，叙次无法，而昫等袭其旧文，莫能刊正。帝纪则诗话、书序、婚状、狱辞委悉具书，语多支蔓。如：

《文宗纪》云：上每诵杜甫《曲江行》云："江头宫殿锁千门，

细柳新蒲为谁绿。"乃知天宝以前曲江四岸皆有行台宫殿百司廨署。

又云：户部侍郎、判度支王彦威进所撰《供军图》，略其序云云。

《武宗纪》云：右庶子吕让进状："亡兄温女，太和七年嫁左卫兵曹萧敏，生二男。开成三年，敏心疾乖忤，因而离婚，今敏日愈，却乞与臣侄女配合。"

又云：御史台奏据三司推勘吴湘狱，谨具逐人罪状如后："扬州都虞候卢行立、刘群于会昌二年五月十四日，于阿颜家吃酒"云云。

列传则多叙官资，曾无事实，或但载宠遇，不具首尾。如《夏侯孜传》只载历官所至及责让诏词，不及一事。《朱朴传》只载其相昭宗而不及其始末。较韦述等所修旧史，截然高下，不可并论矣。然即其繁猥之辞，寻其脉络，犹见当时情势。《通鉴》纪咸通懿宗年号后事，亦专取《旧书》，岂不以其见闻较近哉。

《十七史商榷》云：邵经邦曰："《旧唐》帝纪徒侈官衔多至三数行，颇类文移。其昭宗、哀帝故欲敷衍成帙，不顾体裁。"予谓《昭纪》已极烦冗，比他纪不同，而《哀纪》之烦冗又倍于《昭纪》，其猥琐鄙屑，较之元人所修《宋史》、明人所修《元史》而逾甚矣。然宣、懿、僖、昭、哀五朝皆无《实录》，既无《实录》，其事迹易致遗失，而昫时相去近，比宋敏求传闻更确，纂修者偶尔访求而得其详，惟恐泯没，故遂不惮多载之。《新书》于旧纪奋然涂抹，仅存无几，若《哀纪》旧约一万三千字，而新约只千字，自谓简严，实则篡弑恶迹皆不见矣。使《新书》存而《旧书》竟亡，读史者能无遗憾乎？

新唐书

《新唐书》[1]，本纪十[2]，志五十[3]，表十五[4]，列传一百五十[5]，共二百二十五卷[6]。宋欧阳修、宋祁等撰[7]。嘉祐五年仁宗年号，曾公亮《进新唐书表》云："其事则增于前[8]，其文则省于旧[9]。至于名篇著目，有革有因[10]，立传纪实，或增或损[11]，义类凡例，皆有据依[12]，纤悉纲条，具载别录[13]。"吴缜作《新唐书纠谬》，力攻其失[14]。平心论之，两书各有长短，无庸过分轩轾也。

〔1〕宋仁宗以刘昫《唐书》气力卑弱，言浅意陋，令欧阳修、宋祁刊修，曾公亮提举其事，十七年而成。书成，即以《新唐书》为名。

〔2〕本纪十卷《旧唐书》二十卷，惟高祖、太宗、高宗三本纪各为一卷，其余诸帝后则悉并合成卷。

《旧书》主于详明，《新书》主于简括，二十一帝纪《旧书》几三十万字，《新书》仅九万字，此其大较也。然《旧书》本纪凡生杀予夺之事，皆略见其所由，而《新书》则必一一考之列传而后见，此亦两书之各有得失者也。《陔馀丛考》卷十。邵经邦谓新纪一意删削，并春夏秋冬亦皆无存，予考之诚然。《新书》之以简胜，全部皆然，本纪尤甚。春夏秋冬特一字耳，犹不肯存，其删削可云算无遗策矣。虽曰仿班，其实西汉十三帝，不过二百年，唐则二十帝，三百年，而班纪十二卷内有一卷分为上下者，实十三卷，共一百三十二叶，《新唐》纪十卷共一百五十八叶，校其字数，《新唐》增多于汉纪无几。然则纪汉事反详，纪唐字反简，恶乎可？又班纪每一帝各为一赞，《新唐》纪每数帝共一赞，矫枉过正已。《十七史商榷》。

《商榷》又云：《新书》本纪较《旧书》减去十之七，可谓简极矣，意欲仿班、陈、范也。夫文日趋繁，势也。作者当随时变通，不可泥古，纪唐而以班、陈、范之笔行之，于情事必有所不尽。邵远平谓本纪出庐陵手，自一二行幸除拜之外，纪载寥寥，是矣。而其尤不满人意者，尽削诏令不登，独不思班纪犹多全载诏令，而唐纪反无诏令，恶乎可？且左史记言，右史记动，全削诏令，是记动不记言也。德宗出奔奉天，全赖陆贽草诏罪己以激厉将士，而新纪尽削不载，贽本传载奏议甚详，而诏令不便入之，所谓武人悍卒，感动流涕者，竟不一见于史，此其失也。

〔3〕志五十卷，为目凡十三：

①礼乐十二卷　　　　　②仪卫一卷分上下

③车服一卷　　　　　　④历六卷。三四六计三卷，各分上下

⑤天文三卷　　　　　　⑥五行三卷

⑦地理七卷。第七卷分上下　⑧选举二卷

⑨百官四卷。第四卷分上下　⑩兵一卷

⑪食货五卷　　　　　　⑫刑法一卷

⑬艺文四卷。《十七史商榷》云：旧志载唐人文集只百余家，新志约六百余家。今世宋元集数见不鲜，唐人集则寥寥矣。张天如但采汉魏六朝，不及唐人。予访求数十年，又有友人张德荣、吴翌凤相助，所得颇博。王阮亭《居易录》一则云："朱竹垞言所见唐人文集，自韩、柳、元、白数集外，则张曲江、颜鲁公、独孤及、刘禹锡、元结、李卫公、陆宣公、杜牧、沈亚之、欧阳詹、吕温、李观、司空图、皮日休、陆龟

蒙、罗隐、皇甫湜、李翱、孙樵、刘蜕、黄滔二十余家，皆予所及见者。若富嘉谟、吴少微、李华、萧颖士、贾至、李翰、樊宗师、梁肃、卢肇、冯宿、刘轲之徒，皆不见其全矣。"竹垞、阮亭未举而予有者，又数家，合人间所习见，共约四十家，以新志考之未及十之一。新志有诗无文者亦以充数，予则徒诗不取。（明蜀刻《权德舆集》但有诗，文则目录空存，故置不列。）《南江书录》云：《艺文志》略存撰人出处，较旧史《经籍志》为稍优。

〔4〕表十五卷，为目凡四：

①宰相三卷　　②方镇六卷

③宗室世系一卷分上下

④宰相世系五卷，各分上下。第二卷分上中下

顾亭林《日知录》曰："朱鹤龄曰，太史公《史记》帝纪之后即有十表八书。表以纪治乱兴亡之大略，书以纪制度沿革之大端。班固改书为志，而年表视《史记》加详焉。盖表所由立，昉于周之谱牒，与纪传相为出入。凡列侯将相、三公九卿，其功名表著者，既系之以传，此外大臣无积劳亦无显过，传之不可胜书，而姓名爵里、存没盛衰之迹，要不容以遽泯，则于表乎载之，又其功罪事实传中有未悉备者，亦于表乎载之。年经月纬，一览了如，作史体裁，莫大于是。而范书阙焉，使后之学者，无以考镜二百年用人行政之节目，良可叹也。其失始于陈寿《三国志》，而范晔踵之，其后作者又援范书为例，年表皆在所略，不知作史无表，则立传不得不多，传愈多文愈繁而事迹或反遗漏而不举。欧阳公知之，故其撰《唐书》，有《宰相表》，有《方镇表》，有《宗室世系表》《宰相世系表》，始复班、马之旧章云。"

〔5〕列传一百五十卷，首后妃传二卷，次宗室传一卷，次诸帝子传四卷，次诸帝公主一卷。《旧书》诸王传，各依时代与诸臣相次，犹得《史》《汉》之遗规；《新书》则汇列于诸臣之前，盖李延寿仿《南》《北》史例也。

列传之以种类为标题者，有：

①后妃二卷　　　　　　②宗室一卷

③诸帝子四卷　　　　　④诸帝公主一卷

⑤诸夷蕃将一卷　　　　⑥宗室宰相一卷

⑦忠义二卷　　　　　　⑧卓行一卷

⑨孝友一卷　　　　　　⑩隐逸一卷

⑪循吏一卷　　　　　　⑫儒学三卷

⑬文艺三卷　　　　　　⑭方技一卷

⑮列女一卷　　　　　　⑯外戚一卷

⑰宦者二卷　　　　　　⑱酷吏一卷

⑲藩镇五卷　　　　　　⑳北狄一卷

㉑东夷一卷　　　　　　㉒西域一卷分上下

㉓南蛮一卷分上中下　　㉔奸臣一卷分上下

㉕叛臣一卷分上下　　　㉖逆臣一卷分上中下

欧、宋刊修《唐书》，废传六十一，增传三百一十，与《旧书》出入甚多，可阅钱大昕《二十二史考异》。

〔6〕《新唐书》二百二十五卷，曾公亮《进书表》、晁公武《读书志》、陈振孙《解题》、马贵与《通考》、郑樵《通志》并同。《宋史·艺文志》作二百五十五卷，于李绘补注者，仍作二百二十五卷，当是《宋史》误记。

〔7〕宋仁宗以刘昫等所撰《唐书》，卑弱浅陋，命欧阳修、宋祁刊修。曾公亮提举其事，十七年而成。凡二百二十五卷。修撰纪志表，祁撰列传。故事每书首只用官尊者一人，修以祁先进，且于《唐书》功多，故各署以进。《欧阳修传》。祁奉诏修《唐书》十余年，出入卧内，尝以稿自随，为列传百五十卷。《宋祁传》。陈振孙《书录解题》亦云："旧例修书止署官高一人名衔，欧公曰：'宋公于我为

前辈，且于此书用力甚深，何可没也。'遂于纪传各著之。宋公感其退逊。"案一书分署作者之名，《隋书》已有此例，纪传题魏徵上，志题长孙无忌等。实不始于欧、宋；且曾公亮监修《新书》，按之故事，当题曾名，欧、宋并题，乃由曾之退逊，欧固不得独擅也。《进书表》中复有范镇、王畴、宋敏求、吕夏卿、刘羲叟等，据《宋史·吕夏卿传》谓夏卿熟于唐事，博采传记杂说数百家；又通谱学，创为世系诸表，于《新唐书》最有功。《宋敏求传》谓敏求尝补唐武宗以下六世《实录》百四十卷，王尧臣修《唐书》，以敏求熟于唐事，奏为编修官。观此诸传，《新唐书》纪志表题名，当仿《隋志》称欧阳修等撰方合。《隋书》纪传题魏徵上，志题长孙无忌等撰，一"上"字，一"等"字，最为得实。

吴缜《新唐书纠谬》自序云："《唐书》纪志表则欧阳公主之，传则宋公主之。所主既异，而不务通知其事，故纪有失而传不知，传有误而纪不见。"又云："其始也，修纪志者则专以褒贬笔削自任，修传者则独以文辞笔采为先，不相通知，各从所好，其终也，遂合为一书而上之。"王鸣盛谓二公修书不相通知，其实各本不同时也。欧阳公修书凡历六七年之功，书成，上距祁稿成约又二十余年。祁不为纪志表非以让欧，盖用其所长，先撰各传，余姑阙如。欧学问文章与祁异趣，成名之后，天下重之甚于祁，未必肯一遵祁轨躅，上一百五十卷时，恐或有改窜祁稿者。详《十七史商榷》卷六十九"宋、欧修《唐书》不同时"条。王氏宋、欧修书不同时之说甚是。惟谓祁不为纪志表，则王得臣《麈史》明云别撰纪志。高似孙《史略》亦云："祁虽作百五十传，亦曾自作纪志，今宋氏后居华亭者有其书。"是祁自有全书，非阙如也。纪传文辞殊异，欧职非监修，何能笔削？陈振孙《书录解题》云："列传用字多奇涩，殆类虬户铣溪体，识者病之。欧公尝卧听《藩镇传序》，曰'使笔力皆如此，亦未易及也'。然其序全用杜牧《罪言》，实无宋公一语，然则欧公殆不满于宋名衔之著，固恶夫争名，抑亦以自表异耶？"据此知欧公不满列传，容或有之，然亦正是不改宋文之证。窃意宋祁用力既久，本有全书，欧阳则仅作纪志，《廿二史札记》谓欧公本纪，不免草率从事。曾公亮合二人之所作以呈进，因分题其名，实则二人各不相谋也。

晁公武《郡斋读书志》云："议者颇谓永叔学《春秋》，每务褒贬；子京通小学，惟刻意文章，采杂说既多，往往抵牾，有失实之叹焉。"此议可谓深中病根。案欧、宋二氏于《新书》多费岁月，务求精美，实则考核之功固不少，而刻意于文章褒贬，未免徒劳心力，费时或更多。兹列其文字之可议者如下。

《十七史商榷》云：司马氏于纪传世家每篇缀以评断，此论体也，班氏因之，乃不称论而称赞。范氏则每篇并用两体，论无韵，赞有韵，而且整比其句，概作四言，范氏为此，以后史家多遵之。而《旧书》亦然。宋人始复班式，以散文呼赞。旧论不过文法排俪，稍嫌板实，然评论精确，自足传之久远；新赞尽黜旧文，驾空凌虚，自成伟议，欲以高情远识含跨前人。于高祖不说高祖美恶，而统言三百年大势，此脱题文章也。太宗亦不甚著题，转尚论三代诸君。高宗则借周幽王为波湄，此题外生枝也。中宗、睿宗，旧虽作一卷，然仍各论；新乃并中宗于武后，睿宗于玄宗，各共为一赞，武后、中宗则先泛说武后之入纪，合《春秋》书法，而中宗直以驾空了之，睿宗、玄宗则但说玄宗而直略过睿宗置之不议。其行文多入语助，好用呜呼，故为纡回顿挫俯仰揖让之态，其末辄作复句云"可谓难哉""可不慎哉"，层见叠出，一唱三叹，欲使读者咀之有余味，悠然自得其意于言外，此皆宋人所以求胜《旧书》者。《商榷》"新纪论穆敬以下七帝"条云："美武宗之用李德裕以成功，甚确，乃又惜其但能除去浮图，又躬受道篆；愚谓僧道兴废无足重轻，此等亦宋人之迂论耳。至訾宣宗以察为明，无复仁恩，自是而唐衰矣！愚谓末句拖脚暗递下文懿、僖，此正如今日作八股四书文者，穿插过渡手法。懿、僖论赞稍近情，但仍讥其为宦官所立。始不正则不能正天下，亦为迂阔。总之其行文俯仰顿挫，多作唱叹，甚有态而文意却不得要领，似是而非，反不如《旧书》之多精语。"

宋子京欲反《旧书》冗俗之弊，故宁简毋冗，宁僻毋俗，于《旧书》各传，无一篇不改窜易换，戛戛独造，惟古是求。如：

《刘济传》，谭忠激济伐王承宗一段文字，模拟《战国策》。刘总谋杀济一段文字，又似《左传》。

《齐映传》，"上令前马传诏旨"，不曰马前而曰前马，用《国语》"勾践为夫差前马"之文。

《奸臣传赞》，文用七字韵语，仿《汉书·蒯伍息夫躬传赞》之体。

《藩镇传序》，全用杜牧之《罪言》，仿《史记·秦本纪赞》，用贾谊《过秦论》之例。

其改《旧书》文，以过求简雅之故，反致晦涩不典者，更不胜条举，如：

《骆宾王传》《文苑传》，《旧书》书武后阅骆宾王檄，至一抔之土二句，叹曰：有此才而不用，宰相罪也。《新书》改为"宰相安得失此人"。

《杨师道传》，《旧书》师道妻前夫之子赵节，《新书》改为师道妻"异姓子"。

《太宗长孙皇后传》，《旧书》书"安业后异母兄之罪万死无赦，然不慈于妾，大卜知之"，《新书》改为"安业罪死无赦，然向遇妾不以慈，户知之"。

《德宗王后传》，《旧书》书诏曰"祭筵不可用假花果，欲祭者从之"，《新书》改为"有诏祭物无用寓，欲祭听之"。

又有全代古人作文者，如：

《姜皎传》，《旧书》载玄宗宣布其功之诏，系四六，乃唐时原文也。子京不欲四六入史，乃改作全篇散文，首尾完善，一似翻译。

《薛登传》，《旧书》载其谏举一疏，《新书》乃通首全为代作，如"陈篇希恩，奏记誓报"等语，原本所无。

至其造语用字，尤多新奇，略如：

《太子瑛传》，李林甫数称寿王美，以"捰"妃意。捰谓迎合。

《诸帝公主传》，懿宗女卫国公主卒，许群臣祭，以金贝火之，民取"煨以汰宝"。谓取灰炼出金宝。

《列女传》及《王鉷传》，有"车庸"，"脚直"。谓脚钱。

《柴绍传》，唐兵与桑显和战，绍缭其背败之。谓绕出贼后。

《苑君璋传》，衿肘变生。谓变起肘腋。

《李迥秀传》，挠意谐媚。谓曲意阿附。

《裴矩传》，池酒林葅。即酒池肉林。

《宇文士及传》，通谆勤。即通殷勤。

《萧瑀传》，亡不旋跬。即亡不旋踵。

《萧廪传》，厉止夜行。即禁止夜行。

《李峤传》，无所嫁非。谓无所委过。

《苏颋传》，朝鼎夕砧。谓迅速伏诛。

《张说传》，逭暑。谓避暑。祈陈哀到。谓陈情切至。

《李甘传》，啮疽刲脡。谓孝子吮痛割股。

《李朝传》，胖然无溯屈。谓泰然无所顾。

《裴胄传》，蔓劲峭诋。谓株蔓以劲且丑诋也。

《王翃传》，良金厚革。谓坚甲利兵。

《康承训传》，痍痕士。谓创残之兵。

《孔巢父传》，踵迹民伍。谓晦迹民间。

《藩镇传序》，肷髀相依。《李正己传》，辅牙相依。皆谓互为唇齿。

《李宝臣传》，急热为表里。谓急难相救。

《李载义传》，抶痕邮人。谓鞭责邮人成疮。

《李正己传》，矢液流离。谓溲溺俱下。

《藩镇传赞》，引妖就瞑。谓即聋从昧。

《吴兢传》，不殊如带。谓不绝如线。

《李光弼传》，揠贼本根。拔其本根。

《李嗣业传》，以长柯斧堵进。《通鉴》："军士执长刀如墙而进。"

《马璘传》，漂血丹渠。谓血流满沟皆赤。

《房琯传》，十年不谐际人事。谓不交涉事务。

《李泌传》，帅尔。即率尔。

子京于《郑余庆传》谓其奏议好用古语，如"仰给县官马万蹄"，有司不晓何语，时人讥其不适时，何以子京明讥之而又自袭之也。以上取《日知录》《陔馀丛考》二书。

欧、宋二氏文体不同，既如上述，然其源实同出于韩退之，因退之文字本有平易怪奇二体也。观《新书》列传，凡韩文可入史者，必采撦不遗，如：

《韩愈传》载《进学解》《佛骨表》《潮州谢表》《祭鳄鱼文》。

《忠义传》载《张中丞传后序》。

《吴元济传》载韩愈《平淮西碑文》。

《张籍传》载愈答籍一书。

《孔戣传》载愈《请勿听致仕》一疏。

《孝友传》载《复仇议》。

《陈京传》载《禘祫议》。

《李渤传》载愈所与书。

《甄济传》载《答元微之书》。

韩文之外，于柳宗元则采《段太尉逸事状》《段秀实传》与《萧俛书》《许孟容书》《贞符》《自儆赋》《宗元传》；《驳复仇议》、《孝门铭》《孝友传》、《封建论》《宗室传》。旧史惟《退之传》载文四篇，与新史同，余皆子京所采也。

〔8〕五代纷乱之时，唐之遗闻往事，既无人记述，残编故简亦无人收藏，虽悬诏购求，而所得无几，故《旧唐书》援据较少。至宋仁宗时，则太平已久，文事正兴，人间旧时记载多出于世，故《新唐书》采取转多。今第观《新书·艺文志》所载，如吴兢《唐书备阙记》，王彦威《唐典》，蒋乂《大唐宰辅录》《凌烟功臣》《秦府十八学士》《史臣》等传，凌璠《唐录政要》，南卓《唐朝纲领图》，薛珰《唐圣运图》，刘肃《大唐新语》，李肇《国史补》，林恩《补国史》等书，无虑数十百种，皆《旧唐书》所无者，知《新书》之文省于前而事增于旧，有由然也。试取《旧书》各传相比较，《新书》之增于旧者凡二千余条，可分为二种：一则有关于当日之事势，古来之政要，及本人之贤否所不可不载者；一则琐言碎事，但资博雅而已。今分别略举于下参观《二十二史札记》卷十七，《陔餘丛考》卷十二，此举数条示例：

①《新书》增《旧书》有关系处

《房玄龄传》增帝问："创业守成孰难？"玄龄谓创业难，徵谓守成难。帝曰："玄龄从我定天下，徵与我安天下，故所见各异。然创业之事往矣，守成实难，当与公等图之。"此见太宗之图治。

《许敬宗传》增高宗欲立武后。敬宗曰："田舍翁多收十斛麦，尚欲更故妇，天子富有四海，立一后何不可。"此见其逢君之恶。

《苏良嗣传》增良嗣批薛怀义颊，武后戒怀义毋犯之。此见武后能用正人。

《姚崇传》增玄宗欲相崇，崇先以十事邀帝。此见相业之始。又增崇在帝前，序进郎吏，帝不顾；后谓高力士曰"我任崇以大政，此小事，何必渎耶"。此见玄宗任相之专。

其他如代宗沈后、杨贵妃、宪宗郭皇后、武宗王贤妃、韩王元嘉、曹王明、懿德太子重润、夔王滋、李密、王世充、徐圆朗、刘仁轨、李靖、褚遂良、魏元忠、来济、韩琼、陆象先、苏颋、王綝、桓范、李景伯、宋璟、韩休、张九龄、李林甫、裴耀卿、吴兢、马怀素、杨慎矜、杨国忠、郭子仪、刘晏、田神功、崔涣、冯盎、阿史那社尔、崔光远、王思礼、李光弼、姜公辅、田承嗣、田悦、田季安、李惟岳、刘济、刘总、段秀实、卢杞、郑注、朱玫、仇士良、韩游瓌、董晋、李希烈、鲍防、杨凭、杜黄裳、李吉甫、权德舆、张荐、蒋乂、王锷、孔戣、韦澳、郑纲、崔弘礼、王起、王式、钱徽、裴度、牛僧孺、李石、萧仿、李珏、李德裕、马植、崔安潜、朱宣、李辅国、鱼朝恩、田令孜、来俊臣、颜泉明、黄巢等传，《新书》所增事迹章疏，皆有关于时事政术者。

②《新书》增《旧书》琐言碎事

《窦建德传》增建德微时，盗夜劫其家，建德杀三人，余不敢进，请其尸。建德曰："可投绳取之。"盗投绳。建德乃自縻，使盗曳出，又杀数人。

《杜正伦传》增正伦初与城南诸杜叙同族，不许。相传城南杜固有壮气，正伦既执政，奏凿杜固以通水利，既凿，川流如血，自是南杜不振。

《严武传》增武八岁时击死父之宠姬。及节度剑南，最厚杜甫，亦屡欲杀之，李白作《蜀道难》，为甫危之也。《韦皋传》增陆畅作《蜀道易》以美皋。

《王玙传》增汉以来丧葬皆有瘗钱，后世里俗稍以纸寓钱为鬼事，玙为祠祭使，乃用之祠庙。

《李贺传》_增每日出游，使童奴背古锦囊，有得即投入。其母探知之，曰是儿呕出心肝，乃已。

《田悦传》_增张伾固守待救，放纸鸢使马燧军，谓三日不救，士且尽为悦食。燧乃进军破悦。

其他诸传，增补甚多，要皆瑰奇可喜，此例盖自《晋书》、《南》《北》史开之。_{宋子京称延寿《南》《北》史过本书远甚，盖其史法相同。}

其他诸传较《旧书》多大同小异，不过删其芜词而补其未备，无有大相径庭者。惟下列六传，则所增于《旧书》者几至倍蓰。

①《刘晏传》本于陈谏所论晏之功有二害二利。

②《李泌传》本于李繁所作《邺侯家传》。

③《陆贽传》本于宣公奏议。

④《李绛传》本于蒋偕所撰《遗事》七篇。

⑤《高骈传》本于郭廷诲《广陵妖乱志》。

⑥《高力士传》本于《巫山记》。

可见景文采辑之勤矣。至唐末诸臣各传，俱比《旧书》详数倍，则《旧书》本太略耳。

〔9〕晁公武《郡斋读书志》云："《旧书》约一百九十万，《新书》约一百七十四万，_{两万字下疑脱言字。}而其中增表。"案《新书》文字固大省于《旧书》，然亦有得有失，刘安世《元城语录》谓"事增文省，正《新书》之失处"，实非苛论。《新书》省文之例，不外：

①删减诏令奏疏

如德宗兴元之诏、舒元舆"谏祀九宫贵神不宜称臣署御名"之疏，不录于书；徐贤妃《谏太宗疏》、狄仁杰《谏武后营大象疏》仅寥寥数言。

②删列传中附载之文

如《长孙无忌传》御制《威凤赋》，《李百药传》封建论，《李德裕传》穷愁赋、论冥数，《新书》悉行删去。

③删去事迹

如《李嗣业传》新店之战，嗣业与回纥救郭子仪之围；《张弘靖传》朝廷不从刘总之请，致再失河北。《新书》皆删之。

④简约记事

如《旧书·高宗纪》，乾封元年春正月，戊辰朔，上祀昊天上帝于泰山，以高祖太宗配飨。己巳，升山行封禅之礼。庚午，禅于社首。《新书》改云："正月戊辰，封于泰山。庚午，禅于社首。以祭天、封山二事并为一事，而系于戊辰之日，文简而事不该。《旧书·皇甫镈传》附柳泌事云：泌系京兆府，狱吏叱之曰，何苦如此虚矫。泌曰，吾本无心，是李道古教我。且云寿四百岁。府吏防虞周密，恐其隐化，及解衣就诛，一无变异。《新书》但云：皆道古教我。解衣即刑，率无他异。

⑤减损字句

如《李光弼传》光弼命荔非元礼出劲卒于羊马城以拒贼。《新书》改为遣元礼战羊马，贼大溃。减去城字。《僖宗纪》，《旧书》于朱温降后记其赐名全忠，以后则改称全忠。《新书》不书赐名，故于中和二年书朱温，三年忽书朱全忠。《十七史商榷》云："吾辈今日固人人知全忠即温矣，作史者亦可省此一句乎？"

〔10〕《新》《旧》二书，篇名既多不同，纪传排比增废，尤多殊异。钱大昕《廿二史考异》、赵翼《陔馀丛考》均有论列，可参阅。兹列其尤显著者如下：

①本纪

本纪第十书昭宣光烈孝皇帝从后唐所谥，目录则书哀皇帝从朱温所谥,《旧书》作《哀帝本纪》。

②志

礼乐_{旧书礼仪、音乐二志}　　　　仪卫_{旧无}

车服_{旧作舆服志}　　　　　选举_{旧无}

百官_{旧作职官}　　　　　　兵_{旧无}

艺文_{旧作经籍}

③表

共四篇_{旧无}

④列传

公主_{旧无}　　　　　　诸夷蕃将_{旧无}

宗室宰相_{旧无}　　　　宦者_{旧作宦官}

文艺_{旧作文苑}　　　　　循吏_{旧作良吏}

方技_{旧作方伎}　　　　　西域_{旧作西戎}

卓行_{旧无}　　　　　　藩镇_{旧无}

奸臣_{旧无}　　　　　　叛臣_{旧无}

逆臣_{旧无}

〔11〕《新书》增传三百一十,如武后、李从晦、李戡、嗣薛王知柔、李安静、杜咸、赵来章、赵元、裴積、裴倩诸传。废传六十一,如《旧书·良吏传》有李君球、李濬、杨茂谦三人,新书删去,以濬附见子麟传,茂谦附《韦景骏传》,君球谏亲征高丽事,见《高丽传》;《旧书·文苑传》有孟利贞、董思恭、元思敬、邓玄挺、乔知之,《新书》俱删。《新书》增事二千余条,例见上第〔8〕条。删去事迹,如《和思赵皇后传》不载彭景直议以皇后袆衣袝葬事;《李吉甫传》不载吉甫专时政记事。

〔12〕欧阳永叔专务褒贬,宋子京刻意学古,所谓义类凡例皆有依据也。王鸣盛谓"新纪不据事直书,以著其实,而舞文出入强

立多例，高下其手，故多所抵牾"。此语信然。兹略举书法之自相矛盾者数条于下赵翼《陔餘丛考》"《新唐书》编订之失"条、王鸣盛《十七史商榷》论例多条皆可参阅：

①本纪书法之误处

欧公本纪书法，凡反逆者虽遣其将拒战，亦必书逆首姓名，不书贼将也。然如秦宗权、董昌等部将不多，举事又小，书其逆首，自不至混淆。至安禄山、史思明等，地广兵雄，遣将四出；其将又皆僭大官，拥大众，分路专征，各当一面，此岂得概以逆首之名书之。乃常山之陷，本贼将蔡希德也，而书禄山陷恒山郡；潬水之战，本鲁炅与贼将武令珣战而败也，而书鲁炅与禄山战潬水败绩。本纪书安史之乱，盖处处书逆首姓名，使观者回惑。然如河曲之战，书郭子仪败禄山将高秀严；堂邑之战，书颜真卿败禄山将袁知泰，又各书贼将之姓名，而不书禄山，非自乱其例乎？详见《二十二史札记》"新书本纪书安史之乱"条。

新纪书执之例甚不一，如武德二年十一月窦建德陷黎州，执淮安王神通，总管李世勣；四年四月突厥寇并州，执汉阳郡王瓌，此皆后得生还者，宜书执矣。至于二年四月王世充陷伊州，执总管张善相；四年十月刘黑闼陷瀛州，执刺史卢士叡，皆死义之士，而仅书执，书法已为不伦，乃至天宝十四载十二月，安禄山陷陈留郡，执太守郭纳；建中四年正月李希烈陷汝州，执刺史李元平，以降贼之叛臣而亦与死义之士一例并书，竟不能测其命意之所在，岂非舛哉。赵绍祖《新旧书互证》。

②表例之误处

韦月将以直谏死中宗朝，按世系表之例，书官位不书事状，而韦月将以直谏死中宗朝，崔泰之以职方郎预平二张，崔谔之以商州司马预平韦后，功第二，卢鼎与起居郎苏楷、罗衮请改昭宗谥曰襄，此四事者，特书于表，虽寓褒贬之旨，然一代忠奸，当褒贬者不独此四人，且月将事已见武三思、尹思贞、宋璟传，泰之、谔之见其父知温传，苏楷请改谥事，亦见《昭宗纪》，如增卢鼎、罗衮二人名于纪中，则此文皆可删也。崔璆相黄巢，此何足齿及，而表亦书之，若云以此示贬，则唐臣之仕于安、史、黄巢者不少矣，独书璆一人，亦非例也。崔璆，郾之子，其相贼事，当附见郾传。唐彦谦号鹿门先生，不书于本传而书于表，亦失史法。《二十二史考异》。

武攸宜冬官尚书，按《外戚传》终右羽林大将军，与表异。武氏子弟封王者，惟攸归、攸止、载德三人，先死不及削封，故表著之。余皆书所降之封，于例当矣。及攸宜自建安王降息国公，攸绪自安平王降巢国公，攸宁自建昌王降江国公，表并公爵亦不书。重规已降封邠国公矣，而表仍书河间王当作河内，此又义例之自相违反者也。《二十二史考异》。

③列传书法之误处

裴矩，《隋书》有传，入唐无大表见，虽不立传可也。此传首尾一千五百五十余字，述隋事者什之七八，既与《隋书》重复，兼亦失于断限。《二十二史考异》。

《新唐书》著其人之美于本传而别见其疵于他传，固不失隐扬之意。其有数人共一善事，而分隶数人，使各得专其功，若不数传参观，则竟似一人独为之事而与他人无与者。此虽善善欲长，究非信史也。如《苏颋传》玄宗平内难，书诏填委，独颋在太极殿后阁，口所占授，功状百绪，轻重无所差。书史曰"丐公徐之，不然，手腕脱矣"。是玄宗诛韦后时惟颋一人执笔也。而《刘幽求传》又云："是夜号令诏敕，一出幽求手。"《李乂传》又云："韦氏之变，诏令严促，多乂草定。"则书事一也，而系之三人，究未知何者为是。详见《陔馀丛考》"《新唐书》多周旋"条。

〔13〕别录之名，仿于刘向，乃是取《七略》之书部，撮其篇目，条其得失，录而奏上之书，以其别于本书，故曰别录。今用其名以治纪传编年之史，亦曰别录，非刘氏之旨也。盖诸家之史，自有篇卷目录冠于其首，以标其次第。今为提纲挈领，次于本书目录之后，别为一录，使与本书目录相为经纬，斯谓之别录云尔。盖与刘氏之书，同名而异用者也。

纪传之次焉者，如晋、隋、新唐之书，虽不出于一手，并效其所长，全书不免抵牾，分篇各有其篇，所谓离之则双美，合之则两伤者，固其道矣。不有别录以总其纲，则同异因分手而殊，而载笔亦歧而难合矣。章学诚《文史通义·史篇别录例议》。

〔14〕吴缜《新唐书纠谬》二十卷，分二十目，隶事四百余条。其目曰：

①以无为有。五条

②似实而虚。五条

③书事失实。十条

④自相违舛。三十七条

⑤年月时世差互。二十六条

⑥官爵姓名谬误。五十条

⑦世系乡里无法。内称引父祖子孙别传例七条，称引旁支远裔别传例六条，父祖子孙别传以例当书而不书者七条。

⑧尊敬君亲不严。三条

⑨纪志表传不相符合。五十七条

⑩一事两见而异同不完。二十一条

⑪载述脱误。四十条

⑫事状丛复。四十六条

⑬宜削而反存。十一条

⑭当书而反阙。十九条

⑮义例不明。八条

⑯先后失序。七条

⑰编次不当。五条

⑱与夺不常。六条

⑲事有可疑。十三条

⑳字书非是。内误用字二十九，不经字十七，讹错字三十四。

王得臣《挥麈录》谓[1]：缜初登第，因范景仁而请于文忠，愿预官属之末，文忠以其年少轻佻去之。逮《新书》成，指摘瑕疵，为《纠谬》一书。老为郡守，与《五代史纂误》俱并刊行。

《四库提要》云："《新书》甫颁行，吴缜《纠谬》即踵之而出，其所攻驳，亦未尝不切中其失。然一代史书，网罗浩博，门分类别，端绪纷拏，出一手则精力难周，出众手则体裁互异，爰从三史，以逮八书，抵牾参差均所不免，不独此书为然。吴缜所纠，存备考证则可，因是以病《新书》，则一隅之见矣。"案后人评《纠谬》之文甚多，以此说平易，故录之。

---

1 按：此句应有误。北宋王得臣撰有《麈史》，南宋王明清撰有《挥麈录》。下文引自《挥麈录》。

旧五代史

《旧五代史》[1]，梁书二十四卷[2]，唐书五十卷[3]，晋书二十四卷[4]，汉书十一卷[5]，周书二十二卷[6]，世袭列传二卷[7]，僭伪列传三卷[8]，外国列传二卷[9]，志十二卷[10]。凡为纪六十一卷[11]，志十二卷，传七十七卷，共一百五十卷。宋薛居正等奉敕撰[12]。元明以来书就湮没，清乾隆时四库馆臣自《永乐大典》辑出[13]，考证补缀[14]，颇复旧观云。

[1] 宋太祖开宝六年，诏修梁唐晋汉周书，故晁公武《读书志》直称为诏修梁唐晋汉周书。其曰《五代史》者，后人总括名之也。欧书本称《五代史记》，陈振孙《书录解题》已有《新五代史》之目，即《旧五代史》之名，当亦起于宋代矣。

[2] 《旧五代史编定凡例》以下简称《凡例》云："薛史原书，体例不可得见。今考其诸臣列传多云'事见某书'，或云'某书有传'，知其于梁唐晋汉周断代为书，如陈寿《三国志》之体。"今旧史第一至第二十四卷为《梁书》，其组织如下：

①本纪十卷。《太祖纪》七卷，《末帝纪》三卷。《凡例》云："薛史本纪俱全，惟《梁太祖纪》原帙已阙，其散见各韵者，仅得六十八条。今据《册府元龟》诸书征引薛史者，按条采掇，尚可荟萃。谨

仿前人取魏澹书、《高氏小史》补《北魏书》之例，按其年月，条系件附，厘为七卷。"

②后妃列传一卷。《凡例》云："后妃列传，《永乐大典》中惟《周后妃传》全帙具存，余多残阙。今采《五代会要》《通鉴》《契丹国志》《北梦琐言》诸书以补其缺，用双行分注，不使与本文相混。"

③宗室列传一卷。《凡例》云："《永乐大典》所载颇多脱缺，今并据《册府元龟》《通鉴注》诸书采补。其诸臣列传中偶有阙文，亦仿此例。"

④诸臣列传十二卷。《凡例》云："诸臣列传其有史臣原论者，俱依论中次第排比；若原论已佚，则考其人之事迹以类分编。"《凡例》总论编全书之体例，兹为便利计条录于《梁书》。

〔3〕自第二十五至第七十四卷为唐书，内：

①本纪二十四卷。武皇纪二卷、庄宗纪八卷、明宗纪十卷、闵帝纪一卷、末帝纪三卷。

②后妃列传一卷。

③宗室列传二卷。

④诸臣列传二十三卷。

〔4〕自第七十五至九十八卷为晋书，内：

①本纪十一卷。高祖纪六卷、少帝纪五卷。

②后妃列传一卷。晋后妃传，《永乐大典》已佚，今采《五代会要》《通鉴》《契丹国志》《文献通考》所载晋后妃事，分注以补是书之缺。（四库馆臣注）

③宗室列传一卷。晋宗室列传，《永乐大典》仅有四篇，余多残缺。（四库馆臣注）

④诸臣列传十一卷。

〔5〕自第九十九至第一百九卷为汉书，内：

①本纪五卷。高祖纪二卷、隐帝纪二卷。

②后妃列传一卷。

③宗室列传一卷。

④诸臣列传四卷。

〔6〕自第一百十至第一百三十卷为周书，内：

①本纪十一卷。太祖纪四卷、恭帝纪一卷、世宗纪六卷。

②后妃列传一卷。

③宗室列传一卷。

④诸臣列传九卷。

〔7〕世袭列传二卷。《凡例》云："薛史标目，如李茂贞等称《世袭传》，见于《永乐大典》原文。"案《世袭传》李茂贞、高万兴、韩逊、李仁福以上一卷、高季兴国号南平、马殷国号楚、钱镠国号吴越。以上一卷凡七人，附传十五人。

〔8〕僭伪列传三卷。《凡例》云："杨行密等称《僭伪传》，则见于《通鉴考异》。"案《僭伪》杨行密国号吴、李昪国号唐（南唐）、王审知国号闽。以上一卷、刘守光国号燕、刘陟国号汉（南汉）、刘崇国号汉（北汉）。以上一卷、王建国号蜀（前蜀）、孟知祥国号蜀（后蜀）。以上一卷凡八人，附传十二人。

〔9〕外国列传二卷。契丹一卷，吐蕃等十一国为一卷。

〔10〕志十二卷，内：

①天文一卷

②历一卷。据欧阳史《历志》，宋时已缺。

③五行一卷

④礼二卷，《礼志序》原本阙佚。

⑤乐二卷

⑥食货一卷。《食货志序》原本阙佚，卷中惟盐法载之较详，其田赋杂税诸门仅存大略，疑明初是书已有残缺也。今《食货志序》系采取《容斋三笔》所载薛史文。

⑦刑法一卷。《志序》原本阙佚。

⑧选举一卷

⑨职官一卷

⑩郡县一卷。《志序》阙佚。

《凡例》云："薛史诸志，《永乐大典》内偶有残阙，今俱采《太平御览》所引增补。仍节录《五代会要》诸书分注于下，以备参考。"

〔11〕《凡例》云："薛史本纪沿《旧唐书》帝纪之体，除授沿革，巨纤毕书，惟分卷限制，为《永乐大典》所割裂，已不可考。详核原文，有一年再纪元者，如上有同光元年春正月，下复书同光元年秋七月，知当七月以后别为一卷。盖其体亦仿《旧唐书》，《通鉴》尚沿其例也。今厘定编次为本纪六十一卷，与《玉海》所载卷数符合。"

〔12〕晁公武《读书志》云："《五代史》一百五十一卷，皇朝薛居正等撰。开宝中，诏修梁唐晋汉周书，卢多逊、扈蒙、张澹、李昉、刘兼、李穆、李九龄同修，居正监修。"王应麟《玉海》四十六引《中兴书目》云："开宝六年四月二十五日戊申，诏梁唐晋汉周五代史宜令参政薛居正监修，《宋史·薛居正传》监修《五代史》在开宝五年，误。卢多逊等同修。七年闰十月甲子书成，凡百五十卷，目录二卷，其事凡记十四帝五十三年。"王氏自注云："其书取《建隆实录》为准，胡旦以为褒贬失实。"《玉海》四十八："《建隆五代通录》六十五卷，建隆中昭文馆大学士范质撰，以《五代实录》共三百六十卷为繁，遂总为一部，命曰《通录》。肇自梁开平，迄于周显德，凡五十三年。"又引《崇文总目》云："初梁末帝无《实录》，质自以所闻见补成之，其缵次时序，最有条理。"按《梁末帝实录》周显德三年诏张昭补修，据《崇文总目》，似昭未修成。据此知居正之史，本于范

质，故一年之内，即告成功，其累朝《实录》仅备参考而已。五代累朝《实录》，居正修史时其在，然以《通录》为准，故所记往往与《实录》异。

〔13〕《四库提要》云："《旧五代史》多据累朝《实录》及范质《五代通录》为稿本，其后欧阳修别录《五代史记》七十五卷藏于家，修没后，官为刊印，学者始不专习薛史，然二书犹并行于世。至金章宗泰和七年诏学官止用欧阳史，于是薛史遂微。元明以来，罕有援引其书者，传本亦渐就湮没，惟明内府有之，见于《文渊阁书目》，故《永乐大典》多载其文，然割裂涫乱，已非居正等篇第之旧……臣等谨就《永乐大典》各韵中所引薛史，甄录条系，排纂先后，检其篇第，尚得十之八九。又考宋人书之征引薛史者，每条采录，以补其阙。遂得依元书卷数，勒成一编。"案乾隆四十年七月初三日进书表其列名编辑之事者有陆锡熊、纪昀、邵晋涵等三人，其实邵晋涵所辑也。

〔14〕《凡例》云："《永乐大典》所载薛史原文，多有字句脱落、音义舛讹者，今据前代征引薛史之书，如《通鉴考异》《通鉴注》《太平御览》《册府元龟》《玉海》《笔谈》《容斋五笔》《青缃杂记》《职官分纪》《锦绣万花谷》《艺文类聚》《记纂渊海》之类，皆为参互校订，庶臻详备。"

又云："史家所纪事迹，流传互异，彼此各有舛误。今据新旧《唐书》、《东都事略》、《宋史》、《辽史》、《续通鉴长编》、《五代春秋》、《九国志》、《十国春秋》及宋人说部、文集与五代碑碣尚存者，详为考核，各加案语，以资辨证。"

又云："陶岳《五代史补》、王禹偁《五代史阙文》，本以补薛史之阙，虽事琐碎，要为有裨史学，故《通鉴》、欧阳史亦多所取，今并仿裴松之《三国志注》体例附见于后。"

案《凡例》所举书名，如：

《新五代史》　　　《旧唐书》　　　《新唐书》

《辽史》　　　　　《宋史》　　　　《册府元龟》

《五代会要》　　　《通鉴》　　　　《续通鉴长编》

《契丹国志》　　　《北梦琐言》　　《通鉴考异》

《通鉴注》　　　　《太平御览》　　《太平广记》

《玉海》　　　　　《笔谈》　　　　《容斋五笔》

《青缃杂记》　　　《职官分纪》　　《锦绣万花谷》

《艺文类聚》　　　《记纂渊海》　　《东都事略》

《五代春秋》　　　《九国志》　　　《十国春秋》

《五代史补》　　　《五代史阙文》　吴缜《五代史纂误》

章如愚《山堂考索》

凡三十余种，皆全书中引用最广者。余如下列书名以始见者为准：

《师友杂记》　　　《舆地广记》　　《通典》

《鉴戒录》　　　　《文昌杂录》　　马令《南唐书》

《江南别录》　　　《玉堂闲话》　　《唐摭言》

《永阳志》　　　　《金华子》

以上始见于《梁书》者。

《代州唐故龙武军统军检校司徒赠太保陇西李公神道碑》

《三楚新录》　　　《王氏见闻记》《太平广记》引

《隆平集》　　　　《琬琰集》

徐无党《五代史注》　《爱日斋丛钞》

《挥麈录》　　　　《猗觉寮杂记》

《刘氏耳目记》《太平广记》引

赵凤《纪年录》《通鉴考异》引

《唐遗录》亦《考异》引

《李琪集序》《太平广记》引

《宣和书谱》　　　　　　《唐新纂》

《洛阳搢绅旧闻记》　　　《宝晋斋法书赞》

李之仪《姑溪居士集》　　《国老谈苑》

《言行龟鉴》　　　　　　尹洙《河南集》

韩琦《安阳集》　　　　　《云谷杂记》

《直斋书录解题》　　　　《儒林公议》

以上始见于《唐书》者。

《纪异录》《契丹国志》引　　《郡斋读书志》

《陷蕃记》　　　　　　　《宣政杂录》

陶毅《史匡翰碑》　　　　《春渚纪闻》

《移石经记》　　　　　　《金陵志》

以上始见于《晋书》者。

《归田录》

以上始见于《汉书》者。

《春明退朝录》　　　　　王铚《默记》

陆游《南唐书》　　　　　《却扫编》

《小畜集》　　　　　　　《宋延渥神道碑》

《谈苑》　　　　　　　　《困学纪闻》

《渑水燕谈》　　　　　　《宋朝类苑》

范蜀公《蒙求》《锦绣万花谷》引

《闲谈录》《默记》引

《游宦纪闻》

《杨凝式年谱》《杨氏家谱》以上二种《游宦纪闻》录

《杨凝式别传》　　　　　《舆地纪胜》

《玉壶清话》　　　　　　宋祁《景文集》

《钓矶立谈》

以上始见于《周书》者。

《王审知德政碑》

《蜀梼杌》

《宋朝事实》

以上始见于《僭伪列传》者。

《唐开元十道图》

以上始见于《郡县志》者。

以上所举凡百余种，可见四库馆臣采辑之勤矣。

新五代史

《新五代史》[1]，本纪一十二卷[2]，列传四十五卷[3]，考三卷[4]，世家十卷[5]，十国世家年谱一卷[6]，四夷附录三卷[7]，共七十四卷。宋欧阳修撰[8]，徐无党注[9]。此书虽称良史，然体大思深，不无小疵间出[10]，故当时即有吴缜作《五代史纂误》[11]。

〔1〕《新五代史》本名《五代史记》，晁公武《郡斋读书志》、王应麟《玉海》仍其名称，陈振孙《书录解题》始作《新五代史》。《宋史·艺文志》亦作《新五代史》。高似孙《史略》作欧阳修《五代史》，亦作《五代新史》。案欧公此书，意欲追踪《太史公书》，故亦以《史记》为名。晁景迂《答李大同书》云"博之以太史公、欧阳公《史记》"，以司马、欧阳连称，宋人之推崇此书至矣。

〔2〕薛居正《五代史》矫李延寿《南》《北》史之失。梁、唐、晋、汉、周五代各自为一书，体例极是。欧阳永叔《五代史记》又大反故辙，各帝纪总叙在前，其意殆谓王者宜居中正位，示大一统之义，各为一书，则有偏闰之嫌，故必总叙各帝纪在前。周密《齐东野语》载刘羲仲以《五代史纠缪》示坡公，坡公曰："往岁欧公著此书初成，荆公谓余曰：'欧公修《五代史》而不修《三国志》，非也，子盍为之乎？'余固辞不敢当。"案《三国志》夙称良史，经裴松之作注，益为详备，从未有人不满而欲改修之者，荆公以欧阳

不修《三国志》为非，殆亦欲改其魏、蜀、吴分书之旧体乎。

本纪十二卷，其序次如下：

①梁本纪太祖二卷、末帝一卷，共三卷。

②唐本纪庄宗二卷，明宗一卷，愍帝、废帝合一卷，共四卷。

③晋本纪高祖一卷、出帝一卷，共二卷。

④汉本纪高祖、隐帝合一卷，共一卷。

⑤周本纪太祖一卷，世宗、恭帝合一卷，共二卷。

章学诚《信摭》曰："欧阳本纪实胜前史，盖得尹师鲁指授也。"欧阳公作此书，自谓得《春秋》遗意。陈师锡《序》亦云："五代距今百余年，故老垂绝，无能道说者。史官秉笔之士，文采不足以耀无穷，道学不足以继述作，使五十余年废兴存亡之迹，奸臣贼子之罪，忠臣义士之节，不传于后世，来者无所考焉。惟庐陵欧阳公慨然以自任，潜心累年而后成。其事迹《实录》详于旧记，而褒贬义例，仰师《春秋》，由迁、固以来，未之有也。"文集附《四朝国史》本传，亦称其法严词约，多取《春秋》遗旨，殆与《史》《汉》相上下。今读《五代史记》纪传，褒贬之意，粲然可睹，如：

两相攻曰攻，如《梁纪》孙儒攻杨行密于扬州是也。

以大加小曰伐，如《梁纪》遣刘知俊伐岐是也。

有罪曰讨，如《唐纪》命李嗣源讨赵在礼是也。

天子自往曰征，如《周纪》东征慕容彦超是也。

易得曰取，如张全义取河阳是也。

难得曰克，如庞师古克徐州是也。

以身归曰降，如冯霸杀潞将李克恭来降是也。

以地归曰附，如刘知俊叛附于岐是也。

立后得其正者，曰以某妃某夫人为后，如《唐明宗纪》立淑妃曹氏为皇后是也。

立不以正者，曰以某氏为皇后，如《唐庄宗纪》立刘氏为皇后是也。

凡此皆先立一例，而各以事从之，褒贬自见，其他书法亦各有用意之处。如：

《梁纪》书弑济阴王，王即唐昭宣帝也。不曰昭宣帝而曰济阴王者，逊位后梁所封之王，书之以著其实；又书弑以著梁罪也。

襄州军乱，杀其刺史王班，不书王班死之，而以被杀为文者，智不足以卫身而被杀，不可以死节予之也。

杀王师范，不曰伏诛而曰杀者，有罪当杀曰伏诛，不当杀则以两相杀为文也。

郢王友珪反，反与叛不同，叛者叛此附彼，反则自下谋上，恶逆更大也。反不书日者，反非一朝一夕，难得其日也。

梁太祖、唐庄宗皆被弑，故不书葬。唐明宗考终，宜书葬矣，以贼子从珂所葬，故亦不书也。

《梁纪》，天雄军乱，节度使贺德伦叛附于晋，乱首是张彦而书德伦者，责在贵者也。而德伦究不可加以首恶，而可责以不死，故书叛附于晋也。

唐灭梁，敬翔自杀。翔因梁亡而自杀，可谓忠矣，不书死之而但书自杀，以梁祖之恶皆翔所为，故不以死节予之也。

除官非宰相、枢密使不书，而《唐纪》书教坊使陈俊为景州刺史，内园栽接使储德源为宪州刺史者，著其授官之滥也。

《明宗纪》先书皇帝即位于柩前，继书魏王继岌薨，见其即位时君之子尚在，则其反不待辨而自明也。

又书郭从谦为景州刺史，既而杀之。从谦弑庄宗，乃不讨而反官之，见明宗之无君也。其罪本宜诛，乃不书伏诛而书杀者，明宗亦同罪，不得行诛，故以两相杀为文也。

秦王从荣以兵入兴圣宫，不克，伏诛。从荣本明宗子，以明宗病，恐不得立，以兵自助，故不书反，而擅以兵入宫，其罪当诛，故其死书伏诛也。

《汉纪》，隐帝崩，即书汉亡。隐帝被杀后，尚有李太后临朝，及迎湘阴公赟嗣位之事，汉犹未亡也，而即书汉亡，见太后临朝等事皆周所假托，非汉尚有统也。

《周太祖纪》书汉人来讨，周祖篡汉得位，刘崇之于周，义所当讨，故书讨也。

《世宗纪》书帝如潞州攻汉，不曰伐而曰攻者，曲在周也。此可见欧史本纪书法，一字不苟也。《二十二史札记》。

王鸣盛《十七史商榷》则谓："欧公手笔诚高，学《春秋》正是一病。《春秋》出圣人手，义例精深，后人去圣久远，莫能窥测，岂可妄效！且意主褒贬，将事实壹意删削，若非旧史复出，几叹无征。陈师锡《序》反谓《旧史》使事迹不传，来者无考，而推欧史为详于旧，语太偏曲，又何足信哉。薛应旂《宋元通鉴义例》云：'《春秋》诸侯而或书其名，大夫而或书其字，或生而书其爵，或卒而去其官，论者以为夫子之褒贬于是焉在也。夫《春秋》大义炳如日星，而其微词变例，美恶不嫌同辞，则有非浅人所能推测者。后人修史辄从而拟之，不失之迂妄，则失之鄙陋。愚观诸古，周公称召公为君奭，子思称圣祖为仲尼，左氏书孔丘卒，而不及其尝为司寇，则名字与官，又曷足为重轻哉。'薛氏此论是。"

案赵、王诸氏各有所见，今引《四库提要》以折衷之曰："薛史如左氏之纪事，本末赅具，而断制多疏；欧史如《公》《穀》之发例，褒贬分明，而传闻多谬。两家之并立，当如三传之俱存，尊此一书谓可兼赅五季，是以名之轻重为史之优劣矣。"

〔3〕欧史列传四十五卷，悉以种类为标目，此例古所罕见，惟隋许善心撰《梁史》如此，欧公修史，未知取法于善心否？许善心《梁史》，见《隋书》本传。钱大昕谓史家之病在乎多立名目，名目既多，则去取出入，必有不得其平者。《潜研堂文集》卷十三。善心之书不传，欧史之病，则正坐此。兹列其传名如下：

①**家人传**内梁家人传一卷、唐家人传三卷、晋家人传一卷、汉家人传一卷、周家人传一卷，共七卷。家人传之名，欧公所创，将后妃皇子等类叙为一传，取《易·家人》"初九，闲有家，悔亡"之义以为炯戒，其意甚深。《二十二史考异》云："按唐庄宗子继潼、继嵩、继蟾、继峣，晋高祖叔父万友、万诠等，周太祖子侗、信，侄守愿、奉超、逊，世宗子谊、诚等，皆杂叙成文，初非各自为传，而目录一一列之，殊非史例。窃意欧史元目只有家人、梁臣、唐臣等之名，后之读史者，增诸臣姓名于目录之下，以便检寻，非欧史本文也。"《考异》说甚是。惟梁臣、唐臣等目，亦系别名（如梁家人、唐家人）。其总目当称梁唐晋汉周臣传，观于传序可知。欧史每一传作一序，家人传首有序，梁唐晋汉周臣传首亦有一序也。

②**梁唐晋汉周臣传**内梁臣传三卷，唐臣传五卷，晋臣传一卷，汉臣传、周臣传各一卷，共十一卷。序云："呜呼！孟子谓春秋无义战，予亦谓五代无全臣。无者，非无一人，盖仅有之耳。余得死节之士三人焉。其仕不及于二代者，各以其国系之，作梁唐晋汉周臣传。其余仕非一代，不可以国系之者，作杂传。夫入于杂，诚君子之所羞，而一代之臣，未必皆可贵也，览者详其善恶焉。梁臣传第九。"案序文至"详其善恶焉"句完。"梁臣传第九"五字当提行，非序中文也。

③**死节传**一卷。欧公作《王彦章画象记》，褒之不遗余力；《五代史》又为特立一死节之目，而以裴约、刘仁赡二人附之。欧史发论必称"呜呼"，以其为乱世之书也。独此传序无"呜呼"，特例也。

④**死事传**一卷。序云："吾于五代得全节之士三人而已。其初无卓然之节，而终以死人之事者，得十有五人焉，而战没者不得与也。然吾取王清、史彦超者，其有旨哉！其有旨哉！"王、史二人战没而得入传，以其忠愤也。十五人中有五人不得立传，马彦超附朱守殷传，宋令询、李遴、张彦卿、郑昭业见于本纪而已。

⑤**一行传**一卷。表章洁身自负之士嫉世远去而不可见者。

⑥**唐六臣传**一卷。《困学纪闻》曰："欧阳子书唐六臣于唐亡之后，贬其恶也；

朱子书晋处士于晋亡之后，表其节也。一字之劝惩深矣。此皆欧公得《春秋》之遗意也。"

⑦义儿传一卷。《十七史商榷》曰："欧公既以纯乎一朝者为梁臣、唐臣等传，仕各朝者为杂传；乃李嗣昭等八人别目为《义儿传》一卷，多立名色，体例纠纷。其实嗣昭等本可入《唐臣传》，而五代养子甚多，不独唐有，何为标异之乎？"

⑧伶官传一卷。唐庄宗英主，以好伶人至身死国灭，序云："祸患常积于忽微，而智勇多困于所溺，岂独伶人也哉。"此立传之意也。

⑨宦者传一卷。张承业、张居翰二人，以承业之论伟然可爱，而居翰更一字以活千人也。

⑩杂传十九卷。以历仕数朝者入之，杂传首无序。

《新五代史》不为韩通立传，刘原父讥为"是第二等文字"，后人亦多以此为疑。钱大昕《潜研堂文集》曰："欧公一部《五代史》无一字及艺祖，即《恭帝纪》亦但云'显德七年春正月甲辰逊于位，宋兴'而已。此尊本朝之义也。艺祖受禅事既不见于周史，则韩通姓名自无缘特见。自古禅代之际，忠于前朝者，如王凌、毋丘俭、诸葛诞死于魏鼎未革之先，袁粲死于宋社未屋之日，故史臣得为之传，然必斥之曰反曰贰，未有敢讼言其忠者。臣子之词，出于不得已也。韩通之死，在艺祖受禅之日，其时周已亡矣，准诸前史之例，固不得为之传，非欧公之失也。既不为通立传，并其除拜官职，本纪亦没而不书，所谓讳莫如深也。"《廿二史考异》云："韩通名惟《孙晟传》及契丹附录两见之。《五代史》七十四卷，自世家而外，绝不涉一字。符彦卿、李洪信等功名显于五代，而没在宋初，即不为立传。史家限断之法宜尔，不得以通一人而紊其例也。"

《十七史商榷》云："五代各自为代，乃错综纪载，若合为一代者然，此何说乎？即如晋臣止三人，周臣止三人，大觉寂寥，已为可笑。况彼时天下大乱，易君如置棋，安所得人臣而传之。晋三人中桑维翰唐同光中已登进士第，景延广梁开平中已在行间，而吴峦唐长兴中为大同军节度判官，又为唐守城，已非纯晋。况周王朴汉乾祐中擢第解褐，授校书郎，非曾仕汉者乎？妇人屡嫁以末后之夫为定，援此为例，则欧史以冯道入周书极妥，反嫌他传未能如此画一耳，何必别题作杂传？若以其失节而别题之，则似各代之臣为贤于杂传中人，而其实专仕一朝者，其中奸佞亦多，欧公已自言之，岂不进退无据。且唐明宗不但与庄宗非一家，并即是庄宗之叛臣，废帝别姓王氏，又系弑愍帝自立者，而其臣历事各主者概入唐臣，则与名为杂者何异哉。其所以错综记载，岂非欲效《史记》乎？《史记》意在行文，不在记事，况上下数千年，贯串数十代，自不能断代为之。若五代仍薛史旧规可矣，何必改作。梅圣俞云：'欧公自欲作韩愈，却将我比孟郊。'愚谓自欲作《史记》，却将五代比黄帝讫太初。"

〔4〕考之目凡二：

①《司天考》二卷。《廿二史考异》云："《司天考》'刘羲叟为予求得其本经，然后王朴之历大备'。按羲叟所得者，步发敛一篇，欧公已载入矣。其日躔、月离两篇所言，盈缩二历迟疾二百四十八限，乃推步之原，羲叟既尽见之，而此考仍阙而不言，殆欧公厌其繁重，而删弃之耳。欧公于推步一家，本未究心，其刊修《唐史》时，与羲叟同局，天文、历志皆出羲叟一手，此书《司天考》亦必出于羲叟也。但羲叟于《唐书》告成之后，旋即物故，而《五代史》成书乃在其后十余年，不及预参订之役，遂致有不应删而删者，使大备之典，终于不备，良可惜矣！"

②《职方考》一卷。《十七史商榷》云："欧公改志作考，而《职方考》每行分六格，横列之即表也。第一行第一格书'州'字，下格书五代名。第二行以下第一格皆州名，下五格每代有者书'有'，无者空。始置者书'有'，而小注'某帝置'。为都者书

'都'。在他国者书他国名。本有而后入他国者，先书'有'而又书
他国名。先有而后废者，先书'有'而小字注'罢'。军罢州存者
注'罢军'。都罢者注'罢都'。军名改易者'有'字下注军名。梁
之州多有先书'有'又书'唐'者，若泽潞直书'唐'，不曰有，
以其有之甚暂，不足以为有也，观此益见顾宁人之误。"

　　章学诚《信摭》曰："欧阳《新五代史记》题为考。原欧氏之
意五代典制荒略，不足为法，故存《司天》《职方》使有稽考而已。
《唐书》有志，知其称考，非为好奇。"《四库提要》曰："周官太史
掌国之六典，汉法亦天下计书先上太史。史之所职，兼司掌故，故
八书十志，迁、固相因，作者沿波，递相撰述，使政刑礼乐，沿革
分明，皆所谓国之大纪也。修作是书仅《司天》《职方》二考，寥
寥数页，余概从删。虽曰世衰祚短，文献无征，然王溥《五代会
要》搜辑遗编，尚衰然得三十卷，何以经修编录，乃至全付阙如？
此由信《史通》之谬谈，刘知幾欲废表志，见《史通》表历、书志二篇。成兹
偏见。此书之失，此为最大。"

　　〔5〕十国世家十卷：

①吴世家	②南唐世家
③前蜀世家	④后蜀世家
⑤南汉世家	⑥楚世家
⑦吴越世家	⑧闽世家
⑨南平世家	⑩东汉世家

　　徐无党注曰："唐尝称晋，而石敬瑭又称晋，李昇又称唐。刘
龑已称汉，而刘旻又称汉。王建已称蜀，而孟知祥又称蜀。石晋自
为一代，不待别而可知。唐、汉、蜀则加东南前后以别其世家。"

　　钱大昕《潜研堂文集》云："世家之例，非欧公所创，梁武帝
《通史》叙三国事，别立吴、蜀世家，实开其先矣。然李茂贞王岐，

与杨行密、王建鼎峙，拓拔李氏世有夏、绥、银、宥、静五州之地，亦南平之亚也，皆当列世家之数，不宜散入杂传。此又义例之未尽善者也。"

〔6〕十国世家年谱一卷。《信撼》谓改称谱，欧氏复古之意，于理无背。

〔7〕四夷附录三卷。一、二两卷记契丹事，传末附胡峤《陷虏记》一篇；第三卷记奚、吐浑、达靼等。

〔8〕晁公武《郡斋读书志》云："《五代史记》七十五卷，入《目录》一卷，故七十五。皇朝欧阳修永叔以薛居正史繁猥失实，重加修定，藏于家。永叔没后，朝廷闻之，取以付国子监刊行，《国史》称其可以继班固、刘向，人不以为过，特恨其《晋出帝论》以为因濮园议而发云。"据《玉海》引《中兴书目》修家上书在熙宁五年八月十一日，而诏藏秘阁则在十年五月庚申，中间经五年之岁月。高似孙《史略》谓："神宗尝问欧阳修所为《五代史》如何，王安石曰：臣方读数册，其文辞多不合义。"据此则修书初出，时议一时未定，故迁延至五年也。

欧公文集附年谱，但言其修《唐书》不及《五代史》，而淳熙间所进《四朝国史》本传云："奉诏修《唐书》纪志表，自撰《五代史记》。"欧公于《五代史记》自负甚深。宋韩淲作《涧泉日记》谓欧阳公《与徐无党书》云："《五代史》昨见曾子固之议，今却从头改换，未有了期。"又《与梅圣俞》云："闲中不曾作文字，只整顿了《五代史》，成七十四卷，不敢多令人知。深思吾兄一看如何可得！极有义类，须要好人商量，此书不可使俗人见，不可使好人不见。"

章学诚《信撼》云："按《五代史》文笔尚有可观，如云'极有义类'，正是三家村学究技俩，全不可语于著作之林者也。其云不可使俗人见，其实不可使通人见也。梅圣俞于史学固未见如何，即曾子固史学亦只是刘向、杨雄校雠之才，而非迁、固著述之才。当时仅一吴缜可备检校而不能用，以致《唐史》疵病百出。若《五代史》只是一部吊祭哀挽文集，如何可称史才也。一部全史序论通用鸣呼二字作为发端，非吊祭文集而何？亦从古无此体。而韩淲乃谓《五代史》与《史记》有微意，不知《五代史》之微意，正是村学究之《春秋》讲义，其文笔亦《史记》课蒙之选本也。岂可为所愚耶?"章氏为史学专家，似不应恣肆议论如此。欧公作《五代史记》，文学史公，意法《春秋》，借五代贼乱篡弑之遗迹，抒一字褒贬予夺之幽思。《直斋书录解题》载欧公说曰："昔孔子作《春秋》，因乱世而立法，余为本纪，以治法而正乱君，发论必以鸣呼，曰，此乱世之书也。"此称鸣呼之微意，讥为吊祭文集，似嫌未当。《二十二史札记》推重欧史，谓其传赞不苟制作。《十七史商榷》"新史意在别裁"条则力加攻击，要之两皆有见，能爱而知其恶，始免偏执之讥。

《信摭》云："韩淲又记，胡德辉云，尹和靖语《五代史》本是永叔祖分作，其间亦有指名，然欧阳公尝云'河东一传乃大奇，自此当以为法'，但不知谓作何传耳。四库馆本校此节云：'按尹洙《河南集》谓初与永叔分撰《五代史》，既而不果，乃别撰《五代春秋》。世谓欧史取材于洙，则此所云分作者，或即洙也。然原本缺讹，'永叔祖分作'，考洙，焞之从祖也，疑祖字上脱去'与从'二字。第此语不见于他书，不敢辄加云云。则《五代史》似乎非出一手，然今观七十四篇，实出一手，虽有抵牾，亦是一人精力检点未到。盖欧公于此自命甚深，纵有他人之作，亦必更加镕裁，使其义例协于一矣。盖史家文字原不责其尽出于己，但要学足该之，才足运之，而识足断之尔。欧公文笔足以自雄，而史识史学均非所长，故所争不在有人助力与否，而在大体之有合古人否耳。"

〔9〕《南江书录》云："徐无党注发明义例，疑亲得于修所口授者，然但有解诂而不详故实与音义，是亦史注之别体也。"按徐注效《左传》"故书""不书"之例，意在推阐义法，故不致意于事实。后人仿裴松之注《三国志》例，以注《五代史记》者多家，俞正燮《癸巳存稿》卷八说此颇详，兹节录于后：

欧史盛行，不能复改，宋末人已有为之注者。《挥麈后录》云："楼大防处有孟昶《与周世宗书》，姚令威宽注《五代史》。惜未见此。"据《后录》所言，是姚氏注已有成书，王明清及见之；又以惜无孟昶书语，知姚注用裴松之《三国志注》例也。而其书绝未闻。《癸辛杂志》言："贾似道欲刊姚氏注《战国策》，未及入梓而国事异矣，故其书不传。"然姚氏《战国策》正注、补注今行于世，冀《五代史注》遗牒容在人间也。读朱氏彝尊《曝书亭集》，知朱氏亦有注，亦用裴例，或以为不传。嘉庆癸亥夏，在济南见其手稿，即南监板本，夹手书签千七百余条，多碑拓文字。又读王文简《池北偶谈》云，"朱检讨言：曾于庙市见五代石敬瑭家庙碑，梁周翰撰文，惜未购之。此碑今不知所在"云云。今检其手稿，亦无此签。甲子秋，见彭文勤手注《五代史记传注》十六卷，亦用裴例。其冬为此学，依姚、朱、彭例，采书裁贴成编，不能校写也。朱签存者，已全采。惜姚书未见，而孟蜀之书已录为可喜。欧史本有注，署其甥徐无党名。其注于新义、隐义，以一二语抉之，甚精到，但未整理文词耳。疑欧自注而署徐名者，后人讥其浅陋，非也。

《存稿》又云：今《五代史记补注》及《序目》，彭春农知其详，姚石甫不知其事，谓刘宫保延苏州王姓，王姓不可向迩云云。实则宫保在浙日，以正燮稿本广延诂经精舍人校对，皆茫然。及罢官寓家苏州，又延王君渭校之，王君日醉不看书。丙子秋，仍以稿本还正爕，正爕日食不给，不能看书，仍还之宫保，而阿盐使为写清本，未校也。越十年丙戌夏，正爕仍以还宫保而刻于广东，竟无有为校者，其未审处惟自知之，他人未必能察也。辛卯正月过扬州，宫保病亟矣，仍以此书为言。壬辰夏，春农商改订，谈何容易，是可叹矣。

〔10〕欧史书法谨严，文笔简洁，一手裁成，首尾完整；又复博采群言，旁参互证，_{僭伪诸国欧详薛略}。盖薛据《实录》，《实录》所无，不复搜采增补，欧则旁采小说以益之。故所书事实，所纪月日，多有与旧史不合者。卷帙虽不及薛史之半，而订正之功倍之，文直事核，所以称良史也。然史文巨制，其间岂无可议之处，兹摘录数条于下以示例：

①议论不切

《唐庄宗纪》第一卷全叙李克用事，篇末即用呜呼唱叹，乃忽考沙陀种族原委，克用功罪概置不论。

唐愍帝、废帝共一纪，而论独及安重诲之死与愍帝之见弑，于废帝得失，不及一语。

汉高祖、隐帝共一纪，而论独及高祖黜开运号一事，隐帝则只字不提。

他如王彦章则过事推崇，元行钦、乌震则过为诋毁，褒贬亦未能持平。梁末帝、唐庄宗、晋高祖、周太祖无论赞，诸臣列传中亦有无不一，更不知何故。

②体例不一

《梁太祖纪》书六月郢王友珪反。戊寅，皇帝崩。徐注云："不书崩处，以异于得其终者。"然本篇弑昭宗、弑济阴王皆直书，何以于此讳弑言崩？_{后各帝不善终者，亦皆书崩。}

《周世宗本纪》：显德四年四月追册彭城郡夫人刘氏为皇后。世宗追册刘后，既书于本纪，何以太祖追册柴后则不书？

③貌同《春秋》

《梁太祖纪》：开平三年正月辛卯有事于南郊。徐注以为录当时语，其实学《春秋》宣八年有事于太庙，昭十五年有事于武宫。

《唐庄宗纪》：同光元年十二月庚午朔，至自汴州。此效《春秋》书法，如桓二年"公至自唐"。尹洙《五代春秋》全仿《春秋》笔法，更觉迂怪。

④纪事失检

唐昭宗之被弑，《李彦威传》则云梁祖遣敬翔至洛，与彦威等弑之。《李振传》又云梁祖遣振至洛，与彦威等谋弑之。所遣者究系何人，恐有一误。

《郑遨传》：遨与李振善，方振贵显，遨不一顾，振得罪南窜，遨徒步千里往视之。振仕梁为枢密使，并无远谪之事，唐灭梁，振即被诛，未尝贬窜，《遨传》所云，恐误。

⑤删改失当

《唐庄宗纪》：同光二年二月癸酉，群臣上尊号曰昭文睿武光孝文皇帝。薛史睿武下多至德二字，此当时实事也。欧公乃加删削，将何以传信乎？欧史力主文省字节，此类之病极多。

唐闵帝欧改为愍帝。《十七史商榷》云：欧意当因唐庄宗谥为光圣神闵孝皇帝，嫌复闵字，遂率意改之。

唐末帝欧改为废帝。

晋少帝欧改为出帝。《十七史商榷》云：欧以其为契丹所虏，援周卫辄及鲁哀公号出公之例改之。

⑥重见互异欧公《五代史》以简洁名，然纪事重复者甚多，可见修史之不易。

梁《家人传》文惠皇后王氏，携三子佣食萧县人刘崇家，黄巢起，太祖与兄存俱从巢为盗事，重见于《太祖纪》。

《董璋传》：少与高季兴、孔循俱为汴州富人李让家僮。梁太祖镇宣武，养让为子，是为朱友让，其僮奴以友让故，皆得事梁太祖。此事又见《南平世家》及《孔循传》。

《晋本纪》：天福二年六月，张从宾寇河阳，杀皇子重义；寇河南，杀皇子重信。按《家人传》重义为东都留守即河南，重信为河阳三城节度使，则河阳所杀者当是重信，河南所杀者乃是重义也。义、义音同，实即一人。

《刘昫传》：李愚与昫互相诋诉事，已略见《李愚传》。冯道、刘昫、李愚为相，先后亦互异。

⑦繁冗可省

《史建瑭传》叙其父敬思御梁兵而死事，已见《唐本纪》，《建瑭传》不必详书。

《刘昫传》已载崔居俭以祖讳蟊，辞为礼仪使事，居俭只有此事，不必专为立传。

⑧简略遗漏此类甚多，不可备举。

《梁祖纪》：上书弑昭宗，下书天子赐王迎銮纪功碑，中间不及哀帝之立只字，然则天子为何如人乎？

《唐明宗家人传》：和武宪皇后曹氏。曹后与废帝俱焚死，此谥乃晋天福五年正月所上，晋高祖所尚公主，即其女也。故为追行册谥。欧史不载追谥事，亦太疏矣。《五代会要》宪作显。

⑨文气未完

《梁家人传》：《博王友文传》叙至友文留守东京之下便止，其事未了，当添一句云"后事在《友珪传》"。

《唐废帝家人传》：废帝后刘氏之弟延皓事，叙至为天雄军节度使，被张全昭逐走，帝但削延皓官爵而已便止。此处尚不见延皓下落，如何住得？"晋高祖入洛，延皓逃匿龙门广化寺自经死"，多此十七字即语意完具。

⑩编纂失当

氏叔琮、李彦威、李振、韦震，皆止事梁一朝，何以不入《梁臣传》而入《杂传》?

元行钦先事刘守光，继降唐，何以不入《杂传》而入《唐臣传》?

〔11〕《四库提要》云："欧史大致褒贬祖《春秋》，故义例谨严；叙述祖《史记》，故文章高简，而事实则不甚经意。诸家攻驳散见他书无论。其特勒一编者如吴缜之《五代史纂误》、杨陆荣之《五代史志疑》，引绳批根，动中要害，虽吹求或过，要不得谓之尽无当也。"

清四库馆臣自《永乐大典》中辑出《五代史记纂误》三卷。晁公武称所列二百余事，今仅存一百十二事，尚得原书十之五六。

宋　史

　　《宋史》[1]，本纪四十七[2]，志一百六十二[3]，表三十二[4]，列传二百五十五[5]，凡四百九十六卷。元脱脱等修[6]。是书卷帙浩繁[7]，修成仓卒[8]，故有一人两传者[9]，无传而谓有传者[10]，一事重见或数见者[11]，数人共一事而传文各不相及者[12]，不必立传而立传者[13]，宜附见而立专传者[14]，不必书而详书者[15]，脱落疏漏[16]，隐讳失实[17]，编次不善[18]，舛误矛盾[19]，后世匡纠者多，然亦终无以相胜也[20]。

　　[1]《元史·托克托传》云："以义例未定，或欲以宋为世纪，辽、金为载记；或以辽立国在宋先，欲以辽、金为北史，宋太祖至靖康为宋史，建炎以后为南宋史，各持论不决。至顺帝时诏宋、辽、金各为一史。"于是《宋史》之名遂定。
　　[2]自卷一至四十七为本纪，凡十六帝、二王：
　　太祖纪三卷、太宗纪二卷、真宗纪三卷、仁宗纪四卷、英宗纪一卷、神宗纪三卷、哲宗纪二卷、徽宗纪四卷、钦宗纪一卷。以上北宋、高宗纪九卷、孝宗纪三卷、光宗纪一卷、宁宗纪四卷、理宗纪五卷、度宗纪一卷、瀛国公二王附，一卷。以上南宋。
　　《廿二史考异》曰："本纪自宁宗以后，繁简无法，而度宗、瀛

154

国公两纪尤冗杂，若咸淳四年黄镛言守边急务，非兵农合一不可，事当入《兵志》；德祐元年六月，王应麟言开庆之祸，始于丁大全，'请凡大全之党在谪籍者皆勿宥，从之'等事，当入《应麟传》；七月，京学生刘九皋等伏阙言陈宜中误国，将甚于贾似道，此事已入《陈宜中传》，唯不载九皋名耳。"

〔3〕自卷四十八至卷二百九为志十五。

①天文十三卷　　②五行五卷。一、二两卷分上下。

③律历十七卷　　④地理六卷

⑤河渠七卷

⑥礼二十八卷。内吉礼十二卷、嘉礼六卷、宾礼五卷、军礼一卷、凶礼四卷。

⑦乐十七卷　　⑧仪卫六卷

⑨舆服六卷　　⑩选举六卷

⑪职官十二卷　　⑫食货十四卷。上六卷，下八卷。

⑬兵十二卷　　⑭刑法三卷

⑮艺文八卷

宋旧史自太祖至宁宗为书凡四，志艺文者，前后部帙存亡增损，互有同异。今删其重复，合为一志。按此志合三朝、两朝、四朝、中兴国史汇而为一。当时史臣无学，不能博涉群书，考其同异，故部分乖刺，前后颠倒，较之前史踳驳尤甚。试举其讹误如下：

①一书两见者，如：

陆德明《经典释文》见经解类，又见小学类。

邱光庭《兼明书》见礼类，又见杂家类，又见经解类。

《汲冢周书》十卷见书类，又见别史类。

《战国策》三十三卷见编年类，又见兵类。

萧方《三十国春秋》三十卷见编年类，又见霸史类，又误萧方等为萧方。

②书名稍异而误出者，如：

李绰《张尚书故实》见传记类，而小说家又有《尚书故实》。

范成大《桂海虞衡志》见地理类，而传记类又有范成大《虞衡志》。

辛怡显《云南录》见故事类，而地理类有辛怡显《至道云南录》。

汪浃《荣观集》见故事类，而总集类又有汪浃《元祐荣观集》。

武密《帝王兴衰年代录》见编年类，而别史类又有武密《帝王年代录》。

③书名或有讹改而误以为两书者，如：

颜师古《刊谬正俗》见经解类、颜师古《纠谬正俗》见儒家类。此书本名《匡谬正俗》，宋人讳匡改作刊、纠。

殷璠《丹阳集》见总集类、商璠《丹阳集》见别集类。宋人讳殷，改作商。

章怀太子《修躬要览》见儒家类、李贤《修书要览》见杂家类。疑讹躬为书。

《仁宗观文览古图记》见别史类、《仁宗观文鉴古图》见故事类。

沈颜《聱书》见《杂家类》、沈颜《声书》见别集类。误聱为声。

④一书已见而又分见于他类者，如：

胡旦《演圣通论》已见于经解类，而又分见于易类、书类、诗类。

郑樵《通志》已见于别史类，而六书略又入小学类；图谱有无记即图谱略也，又入目录类；谥法即谥略也，又入经解；叙论又入文史类。

陆德明《经典释文》已见经解类、小学类，而又分见于易类、书类、诗类、春秋类、礼类、论语类，至小学类已载释文全部，又别出《尔雅音义》。

张九成《中庸大学孝经说》已见于经解类，而又分见礼类、孝经类。

⑤一类之中前后重出者，如：

沈棐《春秋比事》春秋类两见。

张九成《语录》儒家类两见。

《赵君锡遗事》传记类两见。

王晋《使范》刑法类两见。

《李新集》别集类两见。

⑥分类失当者，如：

杨王休《诸史阙疑》、赵粹中《史评》、王应麟《小学绀珠》应入类事类而入小学类。

《通鉴地理考》、《通鉴地理通释》、《汉艺文志考证》、《汉制考》应入史钞类而入职官类。

陈师道《后山诗话》、陆游《山阴诗话》、胡仔《渔隐丛话》、僧惠洪《冷斋夜话》、无名氏《垂虹诗话》应入文史类而入小说类。

范成大《吴门志》当作《吴郡志》，应入地理类，而入传记类。

晁公武《昭德堂稿》应入别集类，而入传记类。

⑦性质显然相同之书而分类异者，如：

同一音义。杨齐宣《晋书音义》在正史类，刘伯庄《史记音义》在小学类。

同一年谱。薛齐谊《六一居士年谱》在传记类，王宗稷《苏文忠年谱》在别集类，洪兴祖《韩子年谱》分见于传记、别集、谱牒三类。

同一蒙求。李翰《蒙求》、叶才老《和李翰蒙求》在类事类，洪迈《次李翰蒙求》在小学类。

同一花木谱。蔡襄《荔枝谱》、邱濬《洛阳贵尚录》记牡丹在小说类；欧阳修《牡丹谱》，孔武仲、刘攽、王观《芍药谱》，在农家类。

⑧失记，如：

类事类有徐天麟《西汉会要》，而《东汉会要》则失之。

总集类有洪迈《唐一千家诗》，而《唐人万首绝句》则失之。

故事类有陈骙《中兴馆阁录》，而《续录》则失之。

传记类有洪适《五代登科记》，而《唐登科记》则失之。

⑨讹字，如：

徐度《却扫编》讹度为庆

杜佑《宾佐记》讹宾为实

吕祖谦《左氏博议》讹博为传

叶模《石林过庭录》讹林为杯

胡仔《孔子编年》讹仔为好

杨倞《注荀子》讹倞为保

王辟之《渑水燕谈》讹辟为关

王绩《补妒记》讹妒为姑

贾耽《备急单方》讹耽为沈

上官融《文会谈丛》讹文为友

上列数条，仅以示例，其详可阅《廿二史考异》。

〔4〕自卷二百十至卷二百四十一为表，凡二：

①宰辅五卷

②宗室世系二十七卷

〔5〕自卷二百四十二至卷四百九十六为列传，内：

①后妃列传二卷（自卷二百四十二至卷二百四十三）

②宗室列传四卷（自卷二百四十四至卷二百四十七）

③公主列传一卷（卷二百四十八）

④诸臣列传北宋诸臣列传一百九卷（自卷二百四十九至卷三百五十七，凡八百九十余人，附传不计）。

⑤诸臣列传南宋诸臣列传六十八卷（自卷三百五十八至四百二十五，凡四百四十余人，附传不计）。

⑥循吏列传一卷（卷四百二十六），循吏传无南宋一人。

⑦道学列传四卷（卷四百二十七至四百三十），第一卷为周敦颐、二程、张载、邵雍，第二卷为程氏门人，第三卷朱熹，第四卷朱氏门人。

⑧儒林列传八卷（卷四百三十一至四百二十八），《宋史》志在表章朱子一派之道学，特创道学列传，其余儒者则入儒林传。

⑨文苑列传七卷（卷四百三十九至四百四十五），详北宋而南宋止载周邦彦等数人。

⑩忠义列传十卷（卷四百四十六至四百五十五）

⑪孝义列传一卷（卷四百五十六）

⑫隐逸卓行列传上中下三卷（卷四百五十七至四百五十九），卓行传五人与隐逸下合卷。

⑬列女列传一卷（卷四百六十）

⑭方技列传二卷（卷四百六十一至四百六十二）

⑮外戚列传三卷（卷四百六十三至四百六十五）

⑯宦者列传四卷（卷四百六十六至四百六十九）

⑰佞幸列传一卷（卷四百七十）

⑱奸臣列传四卷（卷四百七十一至四百七十四）

⑲叛臣列传三卷（卷四百七十五至四百七十七）

⑳世家列传六卷（卷四百七十八至四百八十三）

㉑周三臣列传一卷（卷四百八十四）

㉒外国列传八卷（卷四百八十五至四百九十二）

㉓蛮夷列传四卷（卷四百九十三至四百九十六）

《诸臣列传》凡一百七十七卷，一千三百余人附传尚不计之多，繁冗极矣。然《循吏传》无南宋一人，《文苑传》南宋仅周邦彦等数人，简略至此。《四库提要》以为《宋史》以宋人国史为稿本，宋人好述东都之事，故史文较详，建炎以后稍略，理、度两朝宋人罕所记载，故史传亦不具首尾。此言是也。修《宋史》者以表章朱子一派之道学为宗旨，余事皆不甚措意。二程周张传，所以示朱学之渊源；程门诸子传，所以示朱学之传授。故所谓道学者特朱子之学耳。《廿二史考异》云："史弥远之奸，倍于韩侂胄，而独不预奸臣之列，传于谋废济王事，并讳而不书，尚得云直笔乎？推原其故，则以侂胄禁伪学而弥远弛其禁也。弥远得政，只欲反侂胄之局，虽秦桧之奸慝众著，尚且为之昭雪，岂能崇尚道学者？使朱元晦尚存，未必不排而去之。史臣徒以门户之见，上下其手，可谓无识矣！"

《世家》序云："王偁《东都事略》用东汉隗嚣、公孙述例，置孟昶、刘𬭎等于列传，旧史因之。《廿二史考异》云：按此所云旧史者，宋三朝国史也。三朝史乃仁宗朝史臣所修，王偁则在南渡后，即使体例相同，亦是偁袭旧史，非旧史袭偁也。今仿欧阳修《五代史记》列之世家，作列国世家。"案欧史世家在卷末《四夷附录》之前，《宋史》因之列于《外国列传》前，然世家列传二者性质截然不同，欧史四夷称附录，故世家可与并列，若《宋史》外国既称列传，决不容《叛臣列传》《周三臣列传》中忽插入世家。《四库提要》谓"总目未列世家盖出偶遗"，其实此误由于仿《五代史记》而未暇审谛，遂致画虎不成之诮，非编总目者之过也。

《二十二史考异》云："序称今仿欧阳修《五代史记》列之世家，按梁武帝《通史》叙三国事别立《吴蜀世家》，欧史盖用其例，以十国非五代所得而臣，其传授世次较于五代亦称长久，列于世家，颇为允当。艺祖削平僭伪，南唐、西蜀、南汉诸国既无世可传，而犹仍史之目，甚无谓矣。李煜、孟昶、刘𬭎、刘继元当依陈胜、项籍、世充、建德之例，列于开国功臣之前，钱俶、陈洪进纳土入臣，其初本未僭号，可援窦融之例，与功臣并列。惜乎柯维骐辈见不及此也。"

〔6〕《元史·顺帝纪》："至正三年三月，诏修《辽》《金》《宋》三史，以中书右丞相脱脱为都总裁官，铁木儿塔识、张起岩、欧阳

玄、吕思诚、揭傒斯为总裁官。五年十月辛未，《辽》《金》《宋》三史成，右丞相阿鲁图进之。"脱脱于四年五月辞官，阿鲁图继为右丞相。案《辽》《金》《宋》三史实非一时所成，故《新元史·惠宗本纪》云："至正三年三月诏修《辽》《金》《宋》三史。四年三月中书右丞相脱脱等表进《辽史》一百一十六卷，十一月中书右丞相阿鲁图表进《金史》一百三十七卷，五年十月辛未阿鲁图表进《宋史》四百九十六卷，至是三史告成。"《新元史》之详核，远胜《元史》，此亦其一例也。《元史》所举总裁官亦误。考《宋》《辽》《金》三史总裁官皆列脱脱衔，以脱脱乃都总裁官也。其余则铁木儿塔识、贺惟一、张起岩、欧阳玄四人皆总裁三史；吕思诚则第总裁《辽史》，而二史不与；揭傒斯则总裁《辽》《金》二史，而《宋史》不与；李好文、王沂、杨宗瑞则总裁《宋》《金》二史，而《辽史》不与；今三史卷首具载可考也。旧史仅列铁木儿塔识等五人，失其真矣。纂修官亦三史不同：《辽史》四人，《金史》六人，《宋史》二十三人。

《元史·张起岩传》云："起岩熟于金源典故，宋儒道学源委，尤多究心，史官有露才自是者，每立言未当，起岩据理审定，深厚醇雅，理致自足。"《欧阳玄传》云："诏修《辽》《金》《宋》三史，召为总裁官，发凡举例，俾论撰者有所据依；史官中有悻悻露才论议不公者，玄不以口舌争，俟其呈稿时，援笔审定之，统系自正。至于论赞表奏，皆玄属笔。"据此传知当时修史诸公，竟以表章道学自任，议论不合者，斥为露才自是，援笔审定之。夫以欧公之史才，尚不免讹误，为吴缜所纠，而元人修三史者，竟以私意率尔审定，即此一事，已不足与言良史。《揭傒斯传》载其答丞相"修史以用人为本，用人又以心术为本"之语，此言诚是。然其与僚属言作史之法，谓"小善必录，小恶必记"，则繁芜之病，未始非傒斯倡之也。揭傒斯仅修《辽史》，其议论当为同官所取。

　　《辽》《金》《宋》三史表进年月，虽略有先后，然脱脱始终为都总裁之官，造端制成，当在脱脱为都总裁时。故《金》《宋》二史虽阿鲁图表进，而三史仍署脱脱衔名。《新元史·脱脱传》谓："至正四年，《辽》《宋》《金》三史成，礼部白脱脱宜奏上。脱脱曰：'此秀才事，我勿知。'三请三却之。或曰：'丞相好名，今三史成而不列丞相名，宜其慁也；曷告丞相曰，三史蒙丞相奏进，儒臣董其事，请书丞相名为总裁官。'脱脱大悦，即命掾史具进史仪。"此传记三史由脱脱领衔事，似非事实。

　　〔7〕《宋史》修成，费时仅二年余，迫促如此，非先有旧本，必不能成。考宋代史事，颇为详慎，有一帝必有一帝日历，日历之外又有实录，实录之外又有正史，《王藻传》云："书榻前议论之词，则有时政记录，柱下见闻之实，则有起居注；类而成之，谓之日历；修而成之，谓之实录。"足见其记载之备也。其累代《实录》如《太祖实录》修于太平兴国三年，《太宗实录》修于真宗初，仁宗诏吕夷简、夏竦修《先朝国史》，英宗命韩琦修《仁宗实录》，神宗命吕公著修《英宗实录》，又诏修《仁宗英宗史》，高宗时谕朱胜非曰："神、哲两朝史多失实，宜召范冲刊定。"神、哲两朝《实录》高宗前已修改数次。冲乃为《考异》一书，明示去取，旧文以墨书，删去者以黄书，新修者以朱书，世号朱墨史。《哲宗实录》又别为一书，名《辨诬录》。徽宗、钦宗《实录》皆成于高宗时，又有魏杞等上《神哲徽三朝正史》，陈俊卿、虞允文等上《神哲徽钦宗四朝会要》，赵雄等上《神哲徽钦四朝国史志》，王淮等上《神哲徽钦四朝列传》，凡此皆孝、光二朝所续成也。《高宗实录》成于宁宗时，陈自强等又上《高宗实录》及《正史》。孝、光、宁三朝《实录》皆成于理宗时。又有李心传所修《高孝光宁四朝国史》，史嵩之所上《中兴四朝国史》，谢方叔

所上《中兴四朝志传》，凡此皆成于理宗时者。《理宗实录》成于度宗时，度宗亦有《时政记》七十八册。其余士大夫所著史书，尤不可胜数。《元史·董文炳传》云："宋亡后董文炳在临安主留守事曰：'国可灭，史不可灭。'遂以宋史馆诸记注尽归于元都，贮国史院。"据此传知宋代史材未尝遗失也。至亡国时岂复尚有记载？是必元朝命史官采掇，而史官以耳目所接，睹记较亲，故宋亡国时纪传更觉详悉。《金史》亦然。大概度宗以前之史皆宋旧史，德、祐、景、炎、祥、兴之史，则元代中统、至元及延祐、天历所辑也。可参阅《廿二史札记》"宋辽金三史""宋史事较详"等条。

〔8〕宋代国史国亡时皆入于元，元人修史，大概止就宋旧本稍为排次。今其迹有可推见者，如：

《道学传序》云：旧史以邵雍列于隐逸，未当，今置于《张载传》后。

《方技传序》云：旧史有《老释》《符瑞》二志及《方技传》，今去二志，独存《方技》。

《外国传序》云：前宋史有《女直传》，今既作《金史》，义当削之。

《夏国传赞》云：今史所载谥号、庙号、陵名，兼采《夏国枢要》等书，其与旧史有抵牾者，则阙疑以俟。

此可见元人就宋旧史另为编订之迹也。然因成书仓卒，舛讹杂出，兹分述于下。

〔9〕史传人物太多，修之者非一人，不暇彼此审订，遂有一人而两传者，然修史者不得辞草率之咎也。如：

李熙靖 卷三百五十七有李熙靖，又卷四百五十三《忠义》八亦有李熙靖，审其事迹实一人也。

程师孟 卷三百三十一有程师孟，又卷四百二十六《循吏传》亦有程师孟，两篇

无一字异者。(《循吏传》多两字)

李孟传卷三百六十三《李光传》附子孟传，而卷四百一复为李孟传立传。

〔10〕《宋史》抄掇旧史，草草成书，故有无传而谓有传者，致误之原，或由史臣初拟立传而后未及为，或由旧史本有传而修史时删去，不暇检照改正。其以无传为有传者，如：

杨日严《廿二史考异》云：《杨日严传》"河南人，进士及第"。按杨克让之孙日严亦进士及第，官职方员外郎，彼传云同州冯翊人，此云河南人，两人同时又同姓名，其兄又同名日华，疑本是一人，祖贯冯翊后徙洛阳尔。

张秘《张昷之传》："父秘，自有传。"按今《宋史》无秘传。

孙象祖《钱端礼传》："孙象祖，嘉定元年为左丞相，自有传。"按今《宋史》无象祖传。

又如《王安节传》云："节度使坚之子。"《吕文信传》云："文德之弟。"似坚、文德亦有传而史失之。

《诸史拾遗》云："《宋史》述南渡七朝事，丛冗无法，不如前九朝之完善；宁宗以后四朝，更不如高、孝、光三朝之详。盖由史臣迫于期限，草草收局，未及讨论润色之故。"

〔11〕《宋史》之繁冗，一事屡见为最大原因，如：

①太祖建隆二年六月二日，皇太后杜氏崩于滋德殿，按诸后妃崩薨谥号祔庙前后之序，已有《后妃传》，其月日本纪复详书之，而《礼志·园陵篇》又一一载入，此重复之甚也。

②《选举志》载苏轼《论选举疏》，《轼传》亦载此疏。

③《职官志》："太师、太傅、太保谓之三师，太尉、司徒、司空谓之三公，凡除授则自司徒迁太保，自太傅迁太尉，检校亦如之。"此文已见本志《三师三公篇》，又见《合班篇》，一志之中，前后三见。

④《韩琦传》琦言常平使者散青苗钱事，又见《食货志》。

⑤《叶适传》："俄得御批，有'历事岁久，念欲退闲'之语，

正惧而去，人心愈摇。"按此语《宁宗纪》、吴皇后、留正、赵汝愚诸传，已屡见矣。且绍熙内禅，汝愚实主之，适以郎官与闻斯议而传叙其事，首尾三百余言，盖文人作志状者，攘美之词，史家因而书之，斯无识矣。

凡此之类，随处皆是，更仆不能毕举。《二十二史考异》考之綦详，可参阅。

〔12〕《宋史》之病，往往有数人共一事，而立传时则以其事分系之，若各为其事而不相同者。如：

①贝州王则之乱，讨平之者，明镐、文彦博也，而《郑骧传》《杨燧传》《刘阒传》均称平贼功第一。

②夏竦之赐谥文正也，司马光、刘敞俱驳之，而光及敞传均似一人所驳，略不相及。

③高宗以邢后父焕除徽猷阁待制，孟太后兄子忠厚除显谟阁学士，卫肤敏、刘珏皆力言非制，而二人传亦各不相及。

盖作传者，欲人人各记其功，遂不自知其错杂如此。《陔餘丛考》。

〔13〕《宋史》卷帙最繁，其中实有不必立传而拉杂列入者。如：

①侯益、张从恩、扈彦珂、药元福、赵晁、李穀、窦贞固、李涛、赵上交、张锡、张铸、边归谠、刘涛等，皆历仕五代，宋初不过仍其旧官，毫无功绩，何必一一列之。其意以为《五代史》既不载，不得不于《宋史》存之也。然如李穀、李涛等，在五代尚有事迹可记，其余本不足书，乃一概入之列传，仍不过叙其历官，如今仕途之履历而已，此亦成何史册乎？况薛怀让等并未仕于宋，而入之《宋史》乎？《陔餘丛考》。

②宇文虚中，《金》《宋》二史各为立传，然虚中仕金已久，《宋史》之传可删。

《宋史》列传多至二千余人，其事迹无甚关系者，大可删削，列表记人名，使无亡失足矣。

〔14〕《二十二史考异》云：史家之病，在乎立传太多，祖孙父子事迹可比附者当连而及之。如陈宓可附其父《俊卿传》；王素可附其父《旦传》；刘瑾可附其父《沆传》；鲁有开可附其父《宗道传》；张瓌、张璪可附其祖《洎传》；吴遵路可附其父《淑传》，而以子瑛次之；王尧臣可附其叔父《洙传》；杨实可附其兄《察传》。

《吴昌裔传》云："蚤孤。与兄泳痛自植立。"按《泳传》在一百八十二，泳字叔永，昌裔字季永。《泳传》云潼川人，而《昌裔传》云中江人，中江即潼川属县也。于史例当合传，今既分而二之，又不云兄泳自有传，可见修史者草率从事，各不相谋，故立传纷纭，致有此失。

〔15〕不必书而详书，亦《宋史》繁冗之一原因。如：

①诸子备书名字。《二十二史考异》云："《李汉超传》守恩子祐之、用之、顺之、庆之、成之、藏之。按祐之昆弟官位事迹皆不著，而一一具列其名，似志状之文，非史法矣。"王继忠七子，苏辙三子，苏远七子，汪藻六子，洪适九子，刘光祖四子，张俊五子，卫肤敏三子，似此类皆可删。

②重举籍贯及先世。《考异》云："韩琦父国华，已有传矣，而《琦传》复书相州安阳人，琦曾孙《肖胄传》复书相州安阳人；司马光父池，已有传矣，而《光传》复书陕州夏县人；曾布祖致尧、兄巩皆有传矣，而《布传》复书南丰人。"《考异》又云："《尹焞传》'世为洛人，曾祖仲宣七子，而二子有名。长子源，字子渐，是谓河内先生；次子洙，字师鲁，是谓河南先生。源出林，官至虞部员外郎。'按源与洙各有传，此传但当云知怀州，源之孙。"

③侈叙先代世阀。《考异》云："《陶节夫传》'晋大司马侃之裔也'。案史传之例，与碑志不同，文人谀墓，追溯得姓之始，胪举

前代名贤以表世阀，至于史家，宜存限断，高曾以上，事隔先代，虽谱牒分明亦当芟汰。《宋史》诸传如《刘温叟》云唐武德功臣政会之后，《刘熙古》云唐左仆射仁轨十一世孙，《刘载》云唐卢龙节度使济之六世孙。……皆承用志状之文，未及刊削。若依此例，则苏之出味道，欧阳之出询，何以又不书也？此篇叙陶氏而及东晋，遥遥华胄，尤无谓矣。"如《孝义·陈兢传》载其先世，尤为繁冗，大似家乘，非复国史。

④载无用之文。《考异》云："按列传所载文，如王向之《公默先生传》，夏侯嘉正之《洞庭赋》，朱昂之《广闲情赋》，路振之《祭战马文》，罗处约之《黄老先六经论》，词既不工，亦无关于劝戒，皆可删也。"

⑤授节度使俱书全衔。《考异》云："按唐制，除节度使例兼观察处置等使及本州刺史，宋时内地节镇，虽不之任，结衔犹依此例。元丰以后始省去。史家省文但称某军节度使，或书所莅之州府云某州节度使而已。《夏国传》继捧、继迁、德明、元昊除节度俱书全衔，又《交阯传》制授黎桓使持节交州诸军事、安南都护、充静海军节度、交州管内观察处置等使，黎龙廷、李公蕴、李龙翰、陈威晃授静海军节度观察处置等使，凡此之类，皆可简省。"

至如《李纲传》多至两卷，犹可谓载其奏议也，若李全叛贼而亦两卷，何为乎？此尤繁而无理者。

〔16〕《宋史》卷帙虽繁，而事迹又多有遗漏者。南宋七朝尤为简略，论其大概，略有数事：

①应立传而不立。如彭义斌忠义勋节，见于贾涉、李全、赵范及《元史》严实等传，卓然可观，《宋史》不为立传。又如蜀城王均之乱，讨平之者杨怀忠之功居多，其事仅附见《雷有终传》。吴缜作《新唐书纠谬》，至今尚传其书，刘克庄诗集文集为宋末一大

家，《宋史》皆不为立传，非疏漏而何？《廿二史札记》云：《宋史》各列传，自理宗以后，大概又详于文臣而略于武臣。

②应记之事不记。如太宗雍熙元年为辽景宗乾亨四年[1]，是年景宗崩，圣宗即位，而《宋史》本纪竟不载。《涌幢小品》谓徽宗以五月五日生，以俗忌故改寿辰十月十日，本纪亦不载。又如《麟台故事》谓至道元年十月，三馆学士各献歌颂，以李宗谔、赵安仁、杨亿词理精当，有老成之风，召至中书奖谕；明日，以秘书丞李宗谔为太常博士，依前直昭文馆。此事本传不书。《东都事略》记杨亿代寇准草奏斥丁谓奸邪，及景祐时赠谥曰文事，不见于《亿传》。叶梦得既列《文苑传》，而平生著述如《石林燕语》《避暑录话》之类，略不叙及，惟侈言政绩，不及文学，则何以列之《文苑》乎？《群书疑辨》所讥《宋史》不载王厚斋、黄东发二公晚节一字，亦为疏漏。

③官位失书。如《吴潜传》，端平元年诏求直言，潜所陈九事。按《景定建康志》潜自淮西总领，端平元年四月二十七日准省札，除秘阁修撰枢密都承旨，五月六日离任。此应诏言事，必在入朝以后，传失书除枢密承旨一节。又如《王琪传》，徙知江宁。按《景定建康志》嘉祐二年二月琪知府事，三年八月移知苏州，五年二月再知府事，四月移知陈州，传只载知江宁一任，余并失书。

④应详而不详。如孝宗、理宗并以宗子入继大统，《孝宗纪》历叙世系所出，而理宗止及其父。《欧阳修传》，左迁知制诰知滁州。按此据《四朝国史》本传之文，然知制诰非左迁之官，以《欧阳年谱》及文集考之，是时修方以龙图阁直学士充河北转运使，坐孤甥事落直学士，罢转运使，仍带右正言知制诰出知滁州耳。《郭

---

1 按：宋太宗雍熙元年实为公元984年，辽景宗乾亨四年实为公元982年。

进传》，少贫贱，为巨鹿富家佣保，嗜酒蒲博，其家少年患之，欲图杀进。妇竺氏阴知其谋，以告进，遂走晋阳。按《东都事略》竺氏系富人之妇，若《进传》文似竺氏为进之妇矣。

⑤年寿失记。如寇准年六十三，吕夷简年六十六，孙奭年七十二，张载年五十八，此类甚多，《二十二史考异》考此颇详备。

〔17〕元修《宋史》，度宗以前，多本之宋朝国史，而宋国史又多据各家事状、碑铭编缀成篇，故是非有不可尽信者。大奸大恶如章惇、吕惠卿、蔡确、蔡京、秦桧等固不能讳饰，其余则有过必深讳之，即事迹散见于他人传者，而本传亦不载；有功必详著之，即功绩未必果出于是人，而中有相涉者，亦必曲为牵合。此非作史者意存忠厚，欲详著其善于本传，错见其恶于他传，以为善善长而恶恶短也。盖宋人之家传、表志、行状，以及言行录、笔谈、遗事之类，流传于世者甚多，皆子弟门生所以标榜其父师者，自必扬其善而讳其恶，遇有功处辄迁就以分其美，有罪则隐约其词以避之。宋时修国史者，即据以立传，元人修史，又不暇参互考证，而悉仍其旧，毋怪乎是非失当也。昔吴缜作《新唐书纠谬》，不旁采他书，即《新唐书》中自为抵牾者，抉摘以资辨证。今亦仿此例，摘出数十条于后，观者可以览焉。以上《廿二史札记》语，兹简录事例数条于下。

《李纲传》，靖康围城之事，据《姚平仲传》，平仲之败，由于李纲之失策；据《纲传》则似纲初不与闻其事者，此事本载纲所著《靖康传信录》，史馆即据以立传也。

《吕好问传》，靖康之变，朝臣多污张邦昌伪命，高宗时定罪。据《邓肃传》，好问罪在一等；而《好问传》不载其从逆之事，反备书谏阻张邦昌毋干大位，及趣邦昌遣使迎高宗等事。

《张浚传》，浚一生不主和议，以复仇雪耻为志，固属正人，然如劾李纲买马招军等罪见《高宗纪》及《纲传》，荐秦桧可任大事见《赵鼎传》，奏岳飞意在并兵，以去要君见《高宗纪》，汪伯彦既败，浚以其旧引己，遂与秦桧援郊祀恩，起伯彦知宣州见《汪伯彦传》，今《浚传》皆不载。惟杀曲端一事，略见于传，又似非枉杀者。

《胡安国传》，安国本秦桧所荐用，故力言桧之贤于张浚见《秦桧传》，今《安国传》不载。

〔18〕元人修史，草率从事，以意排比，多未妥善，如：

①应附传而离之者。如张宪、杨再兴、牛皋皆岳飞部将，何以不附于《飞传》后？况《皋传》末历叙飞分遣诸将恢复东西京州郡之事，非皋所遣，而叙于《皋传》，可见旧史本以《皋传》附《飞传》之后，及编次时始离而二之也。又如秦桧擅国十九年，凡居政府者，莫不以微忤斥去，惟王次翁始终为桧所怜，则次翁应附《桧传》之后；陈自强之附韩侂胄，与次翁之附桧一也，则自强亦应附侂胄之后，乃皆编入列传，不著其奸党何也？

②列传编次时代错误者。如权邦彦乃徽、钦时人，卒于高宗绍兴三年，乃厕于宁宗诸臣之列。汪若海、张运、柳约亦皆钦、高时人，乃厕于理宗诸臣之列。郑毂、仇悆、高登、娄寅亮、宋汝为皆高宗朝士，乃厕于光、宁诸臣之列。林勋、刘才邵等皆高、孝时人，乃厕于德祐末造李庭芝诸臣之后。此皆乖谬之甚者。

③立传之体例自乱。者如南唐徐铉、北汉杨业后皆仕于宋，既入之宋臣列传矣；南唐之周惟简、西蜀之欧阳廻亦皆仕宋，历官多年，何以又不入宋臣列传而以附南唐、西蜀世家之后乎？

〔19〕《宋史》记事舛误至多，《二十二史考异》已备举之，兹略述二条示例：

①《陈尧咨传》，子述古，太子宾客致仕。按欧阳修撰《尧佐神道碑》以述古为尧佐子，予见述古《题名石刻》称孟父中令，大

人太尉相公，季父太尉康肃公。中令者尧叟也，太尉相公者尧佐也，太尉康肃公者尧咨也，述古为尧佐子，史系于《尧咨传》，误矣。

②《梁颢传》，年九十二。按陈正敏《遁斋闲览》称梁颢八十二岁状元及第，卒年九十余，士大夫多以为口实。洪文敏引《国史》颢卒年四十二，史臣云"梁之秀颖，中道而摧"，以正遁斋之误。《东都事略》亦云年四十二，与《国史》同。李心传《朝野杂记》载状元年三十以下者，云"梁颢年二十三"。颢登第在雍熙二年乙酉，至景德元年甲辰卒，恰是四十二岁也。《传》作九十二，未知何据？即如其言追溯及第之时，止合七十三岁，与遁斋说亦不合。

其用字舛误者，如《杨延昭传》：延昭卒，帝遣中使护梓以归，河朔人多望柩而泣。按无尸曰梓，有尸曰柩，乃既曰梓，又曰柩，意在稍变一字以避重复，而不知已失字义矣。《陔馀丛考》。

其文字讹误者，如《太祖纪》江宁军当作宁江军。建隆元年，乾德二年。

《艺文志》传记类刘谏—作练《国朝传记》三卷，谏当作谏。《郭祥正传》"知瑞州"，瑞当作端。《吴潜传》封庆国公，庆当作崇。《廿二史考异》。

其纪志传矛盾互异者，如《高宗纪》绍兴十三年八月戊戌，洪皓至自燕，而《洪皓传》作七月见于内殿。《朱倬传》宣和五年登进士第；据《徽宗纪》则宣和六年策进士，是为甲辰科，实非五年。此纪传之互异也。《宋准传》云："李昉知贡举，擢准甲科，会贡士徐士廉击登闻鼓，诉昉取舍非当，太宗怒，召准覆试，后遂行殿试。"据《选举志》则开宝六年御殿给纸笔，别赐殿试，遂为常制，是太祖时事，误作太宗。《苏舜钦传》云，康定中河东地震，舜钦诣瓯通疏；据《五行志》地震在宝元元年，康定止一年，无地震事。此志传之互异也。《四库提要》。

其列传前后矛盾互异者，如《杜太后传》云："母范氏，生五子三女，太后居长。"而《杜审琦传》则云："审琦，昭宪皇太后之兄，太后昆仲五人，审琦居长。"又《太后传》云："生太祖、太宗、秦王廷美。"据《廷美传》则其母为陈国夫人耿氏。《张浚传》云："浚擢殿中侍御史，驾幸东南，后军统制韩世忠所部逼逐谏臣堕水死。浚奏夺世忠观察使。"据《韩世忠传》，世忠乃左军统制，非后军统制。案本纪后军统制为张浚。纪又云后军将孙琦等作乱，逼左正言卢臣中堕水死，不言世忠。又《滕康传》，世忠以不能戢所部，坐赎金，康复论世忠无赫赫功，诏降世忠一官，是奏夺世忠观察使者乃滕康，非张浚。此传文前后之互异也。《四库提要》。

〔20〕《宋史》繁芜，《辽》《金》二史又多缺略，昔人多有欲重修者。元末周以立因三史体例未当，欲重修而未能；明正统中，其孙叙思继先志，乃请于朝，诏许自撰，诠次数年，未及成而卒。《明史·周叙传》。嘉靖中，廷议更修《宋史》，以严嵩为礼部尚书兼翰林学士董其事《严嵩传》，然亦未有成书也。其修成者，惟柯维骐《宋史新编》合三史为一史，以宋为主，而辽、金附之，并列二王于本纪，褒贬去取，义例颇严，阅二十年始成。《维骐传》。然其书仅引《容斋五笔》辨正向敏中、李宗谔数事，未能旁及。其后沈世泊撰《宋史就正编》，综核前后，多所匡纠，其所攻驳，皆一一切中其失，然其前后复沓抵牾，世泊亦不能悉举也。又祥符王惟俭，字损仲，尝苦《宋史》芜秽，手自删定为一书。《惟俭传》。据《列代诗序》谓损仲家图籍已沉于汴梁之水，其本稿吴兴潘昭度曾钞得副本。而《曹学佺传》谓潘曾纮巡抚南赣，得惟俭所修《宋史》，邀晋江曾异撰、新建徐世溥更定，未成而罢，则此副本虽未遭汴水之

厄，亦终归散失也。案惟俭稿本已由柯凤荪先生搜得，现藏北海国立图书馆。《宋史》自柯维骐以下，虽屡有改修，然年代绵邈，旧籍散亡，仍以是书为稿本，小小补苴，亦终无以相胜，故考两宋之事，终以原书为据，迄今竟不可废焉。取《二十二史札记》及《四库提要》语。

辽 史

《辽史》，本纪三十卷[1]，志三十二卷[2]，表八卷[3]，列传四十五卷[4]，国语解一卷[5]，凡一百一十六卷[6]，元脱脱等修[7]。此史疏漏[8]，重复[9]，芜陋不足观。

〔1〕《辽史》本纪凡九，而分卷则多至三十，列之如下：

①太祖纪二卷   ②太宗纪二卷

③世宗纪一卷   ④穆宗纪二卷

⑤景宗纪二卷   ⑥圣宗纪八卷

⑦兴宗纪三卷   ⑧道宗纪六卷

⑨天祚纪四卷

辽、金二代之兴，皆经祖宗数世开创，始成帝业。《金史》于《太祖本纪》前先立《世纪》，以叙其先世，最为明晰。《辽史》则开卷即作《太祖本纪》，而其祖宗递传之处反附见于本纪赞内，故所叙太简。肃祖、懿祖、元祖、德祖四代，其妻已立传于后妃内，其夫反无专纪而附于赞内，岂不详略两失乎？推原其故，由于辽制书禁甚严，凡国人著述，惟刊行于境内，有传于邻境者罪至死见沈括《梦溪笔谈》"僧行均《龙龛手镜》"条下，由是著述衰熄，鲜可采掇。又耶律氏崛起朔方，未遑文教，记述本是寥寥，其先世事迹，直至兴宗、道宗时，始衰辑成书，圣宗以前事，皆是时所追述，宜其简略若此也。

〔2〕《辽史》为志凡十，每志各标细目，列之如下：

①营卫三卷。第一卷宫卫，第二卷捺钵（行营）、部族上，第三卷部族下。

②兵卫三卷。第一卷兵制，第二卷御帐亲军、宫卫骑军、大首领军、众部族军，第三卷五京都乡丁、属国军、边境戍兵。

③地理五卷。第一卷上京道、边防城，第二卷东京道，第三卷中京道，第四卷南京道，第五卷西京道。

④历象三卷。第一卷大明历元，第二卷闰考、朔考上，第三卷朔考下、象、刻漏、官星。《廿二史考异》云：大明历本宋祖冲之法，具见沈约《宋书》。按祖冲之历已见前史，而此志全录之，盖作史者徒求卷帙之富，于史例无当也。

⑤百官四卷。一、二两卷北面，三、四两卷南面。《百官志序》云：辽国官制，分北、南院，北面治宫帐、部族、属国之政，南面治汉人州县、租赋、军马之事。

⑥礼五卷。第一卷吉仪，第二卷凶仪，第三卷军仪，四、五两卷嘉仪。

⑦乐一卷。分国乐、雅乐、大乐、散乐、鼓吹乐、横吹乐。

⑧仪卫四卷。第一卷国舆、汉舆，第二卷国服、汉服，第三卷符印，第四卷国仗、渤海仗、汉仗、卤簿仪仗总目。

⑨食货二卷

⑩刑法二卷

脱脱《进辽史表》、《辽史目录》、《四库总目》均云"志三十一卷"。按志实三十二卷，称三十一卷者误也。其致误之原因，在误篇为卷，十志共分三十一篇，内《百官志》南面合为一篇而分成上下二卷即卷四十七、四十八两卷，称"志第十七上""志第十七下"，因之篇与卷不符，编目录时未注意及此，故讹误相承而不知改。

〔3〕表之目凡八：

①世表　　　　②皇子表

③公主表　　　　④皇族表

⑤外戚表　　　　⑥游幸表

⑦部族表　　　　⑧属国表

《二十二史札记》云:《辽史》最简略,二百年人物,列传仅百余篇,其脱漏必多矣。然其体例亦有最善者,在乎立表之多,表多则传自可少。如皇子、皇族、外戚之类,有功罪大者,自当另为立传,其余则传之不胜传,若必一一传之,此史之所以繁也,惟列之于表,既著明其世系官位,而功罪亦附书焉,实足省无限笔墨。又如内而各部族,外而各属国,亦列之于表,凡朝贡、叛服、征讨、胜负之事皆附书其中,又省却多少外国等传,故《辽史》列传虽少,而一代之事迹亦略备。惟与宋和战交际之事,则书于本纪而不复立表,盖以夏、高丽、女直之类,皆入于《属国表》,宋则邻国不便列入也。然《金史》特立《交聘表》,凡与宋交涉之事,一览了如。《辽史》虽旧无底本,而元人于修史时,既于《金史》立此表,独不可于《辽史》亦立此表乎?且《辽史》与宋交涉之事,书于本纪者,前后亦不画一,澶渊既盟之后,凡两国遣使生辰正旦以及庆吊等事,不特逐年详书,即使臣姓名,亦一一不遗。及兴宗再定和议,加增岁币之后,则惟书吊大丧、贺即位之事,其余生辰正旦等使,一概不书,何其前详后略也。若亦立《交聘表》,则此等皆可于表内见之,前即免于繁冗,后亦不至简略矣。而《辽史》无之,此又修史诸人之失也。

〔4〕列传之以种类为标题者有:

①后妃—卷　　　　　②宗室—卷

③文学二卷　　　　　④能吏—卷

⑤卓行—卷　　　　　⑥列女—卷

⑦方技—卷　　　　　⑧伶官、宦官—卷

⑨奸臣二卷　　　　　⑩逆臣三卷

⑪外纪二卷,高丽、西夏二国

脱脱《进辽史表》、《辽史目录》、《四库总目》皆云"列传四十六卷"。按列传实止四十五卷，其称四十六卷者，误以《国语解》为列传也。《辽史目录》："卷一百一十五，列传第四十五，外纪"，"卷一百一十六，《国语解》第四十六"。《国语解》之非列传明矣，沿误既久，亟宜改正。

《辽史》人名本于译音，故有名同人异者三名：

①耶律挞不也有三人，一在卷九十六，一在卷九十九，一在一百一十一。（挞作塔）

②萧韩家奴有二人，一在卷九十六，一在卷一百三《文学传》。

③萧塔烈葛有二人，一在卷八十五，一在卷九十。（烈作剌）

辽代皇后皆姓萧氏。诸臣列传凡二百三十余人附传不计，姓耶律者宗室一百十余人，姓萧者后族六十余人，所谓《辽史》者，特耶律及萧氏二族之家史耳，史之陋狭，殆未有甚于此者。

〔5〕《国语解》一卷，体例最善。其序曰：史之所载，官制、宫卫、部族、地理，率以国语为之称号，不加注释以辨之，则世何从而知，后何从而考哉。今即本史参互研究，撰次《辽国语解》以附其后，庶几读者无龃龉之患云。

〔6〕旧计卷数，纪三十卷，志三十一卷，表八卷，列传四十六卷，共一百一十六卷。兹特订正于上〔2〕〔5〕两条。

〔7〕元顺帝至正三年，诏修《辽》《金》《宋》三史，《辽史》先成，次年三月脱脱等表进之。契丹荒野之俗，记载本少，至兴宗时始置局编修国史，主其事者有耶律谷欲、耶律庶成、萧韩家奴等人，录遥辇氏以来事迹及诸帝《实录》二十卷上之。天祚帝乾统三年，诏耶律俨纂太祖以下诸帝《实录》，共成七十卷，于是辽世事迹粗备。《辽史》传赞谓其具一代治乱之迹，亦云勤矣。当辽之世，国史惟此本号为完善，金熙宗尝于宫中阅《辽史》，即此本也。金章宗时，命伊喇履提控刊修《辽史》，党怀英等充刊修官，伊喇益、

赵沨等七人为编修官，凡民间辽时碑志及文集悉送上官。同修者又有贾铉、萧贡、陈大任等。泰和元年，又增三员，有改除者听以书自随。怀英致仕后，诏大任继成之。至元修《辽史》时，耶律俨及陈大任二本俱在。《后妃传序》云："俨、大任《辽史·后妃传》大同小异，酌取以著于篇。"而《历象·闰考》中并注明俨本某年有闰，大任本某年无闰，尤可见其纂修时悉本俨、大任二书也。节取《廿二史札记》语。

耶律俨、陈大任均有著述，大任无所表见，俨本传称其析津人，本姓李氏，迁知枢密院事，修《皇朝实录》七十卷。此传多微词，至云善称人主意，妻邢氏有美色，出入禁中，俨教之曰"慎勿失上意"，由是权宠益盛。以斯人修史，宜多曲笔。故脱脱等进书表亦云耶律俨语多避忌也。

〔8〕《辽史》草率讹误，考以《唐书》《五代史》《宋史》《金史》，多有不合，姑置不论。举其疏漏尤甚者，如：

①《东都事略》记辽太宗建国大辽，圣宗即位，改大辽为大契丹，道宗又改大契丹为大辽，改号复号，一朝大事，而《辽史》不书。

②圣宗统和二十四年，幽皇太妃胡辇于怀州，囚夫人夷懒于南京，余党皆生瘗之。明年赐皇太妃死于幽所。胡辇有拓土靖边之功，何事赐死，史宜有载，乃《后妃传》既不为立传，亦不见其人。

③本纪书攻战之事自称辽兵、辽军，似他国记载而称契丹为辽军者，修史时未为改正。

④萧塔剌葛乃太祖、太宗时人，不应编在道宗诸臣萧陶隗等之下。

〔9〕《四库提要》云：五京兵燹之后，旧章散失，渐灭无遗。

观袁桷《修三史议》、苏天爵《三史质疑》，知辽代载籍，可备修史之资者，寥寥无几。故当时所据惟耶律俨、陈大任二家之书，见闻既隘，又蒇功于一载之内，无暇旁搜，潦草成编，实多疏略。其间左支右诎，痕迹灼然，如每年游幸，既具书于本纪矣，复为《游幸表》一卷；部族之分合，既详述于《营卫志》矣，复为《部族表》一卷；属国之贡使，亦具见于本纪矣，复为《属国表》一卷；义宗之奔唐，章萧之争国，既屡见于纪志表矣，复屡书于列传；文学仅六人，而分为两卷，伶官宦官本无可记载，而强缀三人。此其重复琐碎，在史臣非不自知，特以无米之炊，足穷巧妇，故不得已而缕割分隶，以求卷帙之盈，势使之然，不足怪也。

金 史

《金史》，本纪十九卷[1]，志三十九卷[2]，表四卷[3]，列传七十三卷[4]，凡一百三十五卷。元脱脱等修[5]。三史中此最为良史[6]，然亦仍有可议[7]。清乾隆时校正《金国语解》一篇。

〔1〕本纪十九卷，其第一卷为《世纪》，其第十九卷为《世纪补》。总目作《世纪补》，篇目作《纪》，旁注追尊。《二十二史札记》云："本纪之前，先列《世纪》，叙世祖以下世次及缔造功业，而本纪后又有《世纪补》，则叙熙宗父宗峻、世宗父宗辅、章宗父允恭，皆以子登极，追尊为帝者也。此等追尊之帝，本宜各为一传，冠于列传之首，如《元史》睿宗、裕宗、显宗、顺宗，《明史》兴宗、睿宗之例，最合体裁。《金史》以太祖以前十一君，皆系追谥之帝，已入《世纪》，此三人亦系追谥之帝，不便入列传，故又为《世纪补》附于本纪之后，亦创例之得者也。"

〔2〕《金史》志目十四，列之如下：

①天文一卷　　　　②历二卷

③五行一卷　　　　④地理三卷

⑤河渠一卷　　　　⑥礼十一卷

⑦乐二卷　　　　　⑧仪卫二卷

⑨舆服一卷　　　　⑩兵一卷

⑪刑一卷　　　　　⑫食货五卷

⑬选举四卷　　　　⑭百官四卷

《四库提要》云："《历志》采赵知微之《大明历》而兼浑象之存亡，《礼志》掇韩企先等《大金集礼》而兼及杂仪之品节，《河渠志》之详于二十五埽，《百官志》之首叙建国诸官，咸本本元元，具有条理。《食货志》则因物力之微而叹其初法之不慎，《选举志》则因令史之正班而推言仕进之末弊，皆切中事机意存殷鉴，卓然有良史之风。"

〔3〕表之目凡二：

①宗室一卷

②交聘三卷。《廿二史考异》考《交聘表》之误甚详。《诸史拾遗》曰：《交聘表》所载使宋贺正旦生辰诸臣，以《宋史》本纪证之，往往姓同名异，盖金人多二名，一从本国名，一取汉语，史家不能悉载耳。

〔4〕列传七十三卷，其以种类为标题者，有：

①后妃二卷　　　　②世戚一卷

③忠义四卷　　　　④文艺二卷

⑤孝友、隐逸合一卷　⑥循吏

⑦酷吏、佞幸合一卷　⑧列女一卷

⑨宦者、方技合一卷　⑩逆臣一卷

⑪叛臣一卷　　　　⑫外国二卷

辽、金、元三朝皆以外族入据中土，其人名均系译音，或改汉字，往往记载互异，读史者每致迷乱，即以《金史》论，有人异名同者，有一人异名者，有名字不画一者，兹条举如下：

①人异名同者

挞懒一在卷六十六，一在卷七十二（又名彀英），一在卷七十七。

娄室一在卷七十二，完颜娄室共三人，在卷一百一十九，三人名同，以长幼别

181

之，称大娄室、中娄室、小娄室。

完颜讹可同在卷一百十一，一曰草火讹可，每得贼，好以草火燎之，一曰板子讹可，尝讹以官中牙牌报班齐者为板子，故时人各以是目之。

②**一人异名者**金人入中原多用汉字制名，略举于下。《廿二史考异》云："世宗大定十三年，又章宗明昌二年，制女真人不得以姓氏译为汉文，《国语解》所载完颜曰王，女奚烈曰郎之类，皆大定、明昌间所译也。"

旻即太祖阿骨打　　　　　　　**晟**即太宗吴乞买

亶即熙宗合剌　　　　　　　　**亮**即海陵迪古乃

雍即世宗乌禄　　　　　　　　**璟**即章宗麻达葛

珣即宣宗五睹　　　　　　　　**守绪**即哀宗宁甲速

勖即乌也　　　　　　　　　　**杲**即斜也

思敬即撒改　　　　　　　　　**宗翰**即粘没喝，又名粘罕

宗望即斡里雅布　　　　　　　**宗隽**即讹鲁观

宗辅即讹里朵　　　　　　　　**宗幹**即斡本

宗弼即兀术　　　　　　　　　**宗雄**即谋良虎

宗敏即阿鲁布　　　　　　　　**宗亨**即塔不也

仆散忠义即乌者　　　　　　　**纥石烈志宁**即撒曷辇

纥石烈良弼即娄室　　　　　　**唐括安礼**即斡鲁古

移剌慥即移敌列　　　　　　　**富察世杰**即阿撒

纥石烈执中即胡沙虎

③**名字不画一者**此由修史时仓猝成书，不暇刊正之故。

撒离喝《熙宗纪》作撒离合，《睿宗纪》作撒离喝。（《宋史》作撒离曷。）

合达、蒲阿本传作合达、蒲阿，《讹可传》作合打、蒲阿。

阿忽带《冯璧传》作阿虎带，《讹可传》作阿禄带，其下又云阿鲁带。

撒合辇一传中忽作撒合辇，忽作撒曷辇。

习不失本传称本作辞不失，后定为习不失。《世纪》《礼志》《宗室表》诸篇皆书辞不失。

又地名亦多不能画一，如《太宗纪》天会二年二月命徙移懒路都孛堇官名完颜忠于苏濒水。按《地理志》，恤品路本率宾故地，太宗天会二年，以耶懒路都孛堇所居地瘠，遂迁于此。海陵例罢万户，置节度使，因名速频路节度使。又云耶懒文书作押懒。《完颜忠传》云："以耶懒地薄斥卤，迁其部于苏滨水。"然则"移懒""耶懒""押懒"一地也，"率宾""恤品""速频""苏滨"一地也。《廿二史考异》。

〔5〕至正四年十一月，阿鲁图表进《金史》，脱脱以前中书右丞相仍都总裁，列在阿鲁图后，然修史人衔名仍为脱脱，以其仍为都总裁也。《四库提要》云：金人肇基东海，奄有中原，制度典章，彬彬为盛，征文考献，具有所资。即如《大金吊伐》一录，自天辅七年交割燕云，及天会三年再举伐宋，五年废宋立楚，至康王南渡，所有国书誓诰册表文状指挥牒檄，以载于故府案牍者，具有年月，得以编次成书。是自开国之初，即已遗闻不坠。《文艺传》称元好问晚年以著作自任，以金源氏有天下，典章法制，几及汉、唐。国亡史作，己所当任。时金国《实录》在顺天张万户家，乃言于张，愿为撰述。既因有阻而止，乃构野史亭，著述其上。凡金源君臣遗言往行，采摭所闻有所得，辄以片纸细字为记，录至百余万言，纂修《金史》，多本其所著。又称刘祁撰《归潜志》，于金末之事，多有足征。是相承纂述，复不乏人。考托克托等《进书表》称，张柔归《金史》于其前，王鹗辑金事于其后。是以纂修之命，见诸敷遗之谋，延祐申举而未遑，天历推行而弗竟。是元人之于此书，经营已久，与《宋》《辽》二史取办仓卒者不同。元初工鹗修《金史》，采当时诏令及金令史窦祥所记二十余条，杨云翼日录四十条，陈老日录三十余条，及女官所记资明夫人授玺事以补之。

〔6〕《金史》叙事最详核，文笔亦极老洁，迥出《宋》《元》二

史之上，说者谓多取刘祁《归潜志》、元好问《壬辰杂编》以成书，故称良史。然好问撰野史，未尝得累朝《实录》作底本，今《金史》本纪即本张万户家《实录》而成。太宗天会六年，令完颜勗与耶律迪延掌国史，今按《世纪》于臣辽叛辽之事，皆直书不讳。又石显、桓赧、散达、腊醢、欢都、冶诃等传，地名、部名、村名悉了如指掌，应即勗等所修之载在《实录》者。其宣、哀以后诸将列传，则多本之元、刘二书，然如《王若虚传》崔立以汴城降蒙古，朝臣欲为树碑纪功，以属祁，祁属草后，好问又加点窜，此事元、刘二人方且深讳，而《若虚传》竟直书之，更可见修史诸人临文不苟，非全事抄撮者也。又金初灭辽取宋，中间与宋和战不一，末年又为蒙古所灭，故用兵之事较他朝独多，其胜败之迹，若人人铺叙，徒滋繁冗。《金史》则每一大事即于主其事之一人详叙之，而诸将之同功一体者，可以旁见侧出，故有纲有纪，条理井然。如出河店《辽史》作出店河之战，太祖自将，则书于本纪。获辽主，取宋帝，则详于《宗翰》《宗望传》。渡江追宋高宗，则详于《宗弼传》。富平之战，则详于《宗弼》及《赤盏晖传》。

各就当局一二人叙其颠末，而同事诸将自可以类相从，最得史法。又如辽将和尚、道温二人之忠于辽，宋将徐徽言之忠于宋，则但书其殉节，而死事之详，听其入《辽史》《宋史》可矣。乃不忍没其临危不屈之烈，特用古人夹叙法，附书道温二人于《宗望传》，徐徽言于《娄室传》，使诸人千载下犹有生气，而文法亦不至枝蔓，尤见修史者斟酌裁剪之苦心也。节取《廿二史札记》语。

〔7〕施国祁《金史详校序例》云："金源一代，年祀不及契丹，舆地不及蒙古，文采风流不及南宋。然考其史裁大体，文笔甚简，非《宋史》之繁芜；载述稍备，非《辽史》之阙略；叙次得实，非《元史》之讹谬。顾局官修史，成非一时，体例不同，作非一手，

优劣互见，传非一刻，亥豕不免。原其病有三：一曰总裁失检，一曰纂修纰缪，一曰写刊错误。三者皆不免焉。"兹取《金史详校例言》尤切要者，条举于下：

①记载非体

《章纪》泰和四年前代帝王云云，当入《礼志》八。又五年时宋殿帅云云，当入《仆散揆传》。《完颜匡传》其遗诏云云，当入《卫绍王纪》。《徒单镒传》自中都云云，当入《百官志》兵部。

②颠倒年月

《哀纪》天兴二年辛巳官奴一段，《刑志》承安二年一段，又泰和二年一段。

③传次先后

《阿鲁补传》当次骨赧后六十八卷。《文传》当次《京传》前七十四卷。《刘莘传》当次《刘笴传》后七十八卷。《移室懑传》当入《忠义·蒲睹传》后九十一卷。《肤庸传》九十二卷当次《蒲察移剌都传》一百四卷后。蒲察通、粘割斡特剌、程辉九十五卷、黄久约九十六卷四传当次《移剌道传》八十八卷后。《梁襄传》九十六卷当次《韩锡传》九十七卷后。《忠义》二《黄掴九住传》当次上卷《宋扆传》前。乌林答乞住、陀满斜烈、尼庬古蒲鲁虎三传当次上卷《高锡传》后。《兀颜畏可传》当次本卷《完颜六斤传》前。《兀颜讹出虎传》当次本卷《从坦传》前。《粘割贞传》当次本卷《纳合蒲剌都传》后。《方技》马贵中、武祯、李懋、胡德新四传当在前，刘完素、张从正、李庆嗣、纪天锡、张元素五传当在后。

④附传非例

《宗本传》后附萧玉当入《佞幸》。《仆散揆传》后抹撚史抆搭当入《忠义》。《撒合辇传》后附强伸当入《忠义》。《奴申传》后附崔立当入《叛臣》。《张觉传》后附张仅言当附《敬嗣晖传》后。

⑤复漏世系

《宗强传》子阿琐，《阿琐传》又云宗强之幼子。《石土门传》子思敬，《思敬传》又云神土懑之子。《阿离合懑传》末子赛也、斡论，赛也子宗尹，后失载宗宁，斡论子宗道。《宗宁传》云阿离合懑之孙，《宗道传》云斡论之少子。

⑥滥传可削

《萧拱传》止叙弥勒秽事。《术虎筠寿传》止叙球杖细事。《完颜间山传》事不类，据赞似本无此传。《乌古论礼传》止叙官爵。

⑦一事数见

四见者撒合辇出为中京留守，见《哀纪》正大五年、《撒合辇传》、《赤盏尉忻传》、《陈规传》。三见者赐亮生日见《海陵纪》《悼平后传》《大兴国传》。唐括辩论废立见《海陵纪》《胙王元传》《唐括辩传》。至一事两见者，尤不胜枚举，此不备述。

⑧文无限断

左企弓、虞仲文、曹勇义、康公弼四传，多杂辽事。张中彦、宇文虚中、王伦三传，多杂宋事。张邦昌《宋史》有传，王伦《宋史》亦有传。《仆散忠义传》"是为宋孝宗"。《移剌蒲阿传》十二金军。《国用安传》二金朝。

⑨年次脱误

夹谷谢奴、田灏、温迪罕蒲睨、纳兰绰赤四传全不纪年。《王伯龙传》其年皆误。《徒单四喜传》错纪一年。

⑩互传不合

《章纪》明昌五年语载《琪传》中，《马琪传》不载，乃见《河渠志》。又泰和二年事载《从彝传》，《霍王从彝传》无文。《河渠志》漕渠事见漕渠，乃见卢沟河。《胥鼎传》语在《德升传》，《乌古论德升传》无此语。《王政传》子遵古有传，遵古乃附见子《庭筠传》。《王浩传》三人有传,妄去宋九嘉、刘从益。

⑪阑入他事

《韩鲁传》入酬斡事,《纳合椿年传》入纥石烈良弼事,《苏保衡传》入傅慎微事,《李复亨传》入赵秉文事,《完颜纲传》入承裕、完颜匡、术虎高琪事。

⑫脱载无考

《选举志》王安石上。《刘颎传》鲁饇对下。《李英传》十策少一。

此外尚有"脱朔""月讹""日讹""字讹"等条,字讹更繁多。

元　史

《元史》，本纪四十七卷[1]，志五十八卷[2]，表八卷[3]，列传九十七卷[4]，共二百十卷[5]。明宋濂等修[6]。此书二次修成，时日仓卒[7]，疏漏繁复[8]，论赞并缺[9]。

〔1〕《元史》本纪四十七卷，凡十四帝，列之如下：

①太祖一卷　　　　　②太宗、定宗合一卷

③宪宗一卷　　　　　④世祖十四卷

⑤成宗四卷　　　　　⑥武宗二卷

⑦仁宗三卷　　　　　⑧英宗二卷

⑨泰定帝二卷　　　　⑩明宗一卷

⑪文宗五卷　　　　　⑫宁宗一卷

⑬顺帝十卷

《纂修元史凡例》云："按两汉本纪，事实与言辞并载，兼有《书》《春秋》之义。及《唐本纪》，则书法严谨，全仿乎《春秋》。今修《元史》本纪，准两汉史。"

《金史·世纪》叙先世事至盈一卷，而《元史·太祖纪》述其先世，自孛端叉儿以下十世，不过千余字。据《元秘史》孛端叉儿之前，尚有十一世。《宗室世系》云："元之世系，藏之金匮石室者甚秘，外廷莫能知也。其在史官固特其概，而考诸简牍，又未必尽得其详，则因其所可知，而阙其不知，亦史氏法也。"史臣未见

《秘史》，故于元初世系颇漏略。帝纪定宗以后，宪宗以前，阙载者三年，未必《实录》之中，竟无一事，其为漏落显然。泰定、天历之间，尤多曲笔。

〔2〕志之目凡十三：

①天文二卷　　　　②五行二卷

③历六卷　　　　　④地理六卷

⑤河渠三卷　　　　⑥礼乐五卷

⑦祭祀六卷　　　　⑧舆服三卷

⑨选举四卷　　　　⑩百官八卷

⑪食货五卷　　　　⑫兵四卷

⑬刑法四卷

李善长等《进元史表》云："志五十三卷。"按志实五十八卷，其称五十三者，误。五行一、二，河渠二、三，祭祀五、六，百官七、八，食货四、五，皆同篇而分为上下，以卷计之，则实各为一卷。

《日知录》云："诸志皆案牍之文，并无镕范，如《河渠志》言耿参政、阿里尚书，《祭祀志》言田司徒、郝参政，皆案牍中之称谓也。"

《四库提要》云："是书礼乐合为一志，又分祭祀、舆服为两志，皆不合前史遗规。而删除艺文一志，收入列传之中，遂使无传之人，所著皆不可考，大为乖迕。若夫《历志》载许衡、郭守敬之《历经》，李谦之《历议》，而并及庚午元历之未尝颁用者，以证其异同。《地理志》附载潘昂霄《河源考》，而取宋思本所译梵字图书分注于下。《河渠志》则北水兼及于卢沟河、御河，南水兼及于盐官海塘、龙山河道，并详其缮浚之宜，未尝不可为考古之证，读者参以诸书而节取其所长可也。"

《廿二史札记》云："天文、五行诸志则有郭守敬所创简仪、仰仪诸说，职官、兵、刑诸志又有虞集等所修《经世大典》，水利河渠诸志则有郭守敬成法及欧阳玄《河防记》以为依据，故一朝制度，亦颇为详赡。"

〔3〕表之目凡六：

①后妃_{一卷}　　　　②宗室世系_{一卷}

③诸王_{一卷}　　　　④公主_{一卷}

⑤三公_{二卷}　　　　⑥宰相_{二卷}

表共八卷，其云六卷者，误。三公一、二，宰相一、二，皆同篇而分上下，以卷计则实四卷。

〔4〕列传首为皇后传_{卷一百十四}，次为睿宗、裕宗、显宗、顺宗传_{卷一百十五}，再次为睿宗等四人之后传，睿宗等四人本出追尊，故次皇后传之下，居诸臣列传之前，位置甚当。其余列传以种类为标题者，有：

①儒学_{二卷}　　　　②良吏_{二卷}

③忠义_{四卷}　　　　④孝友_{二卷}

⑤隐逸_{一卷}　　　　⑥列女_{二卷}

⑦释老_{一卷}　　　　⑧方技_{工艺附，一卷}

⑨宦者_{一卷}　　　　⑩奸臣_{一卷}

⑪叛臣_{一卷}　　　　⑫逆臣_{一卷}

⑬外国_{三卷}

《元史》成于仓卒，讹误杂出，如：

①一人两传

速不台_{卷一百二十一}即雪不台_{卷一百二十二}。

完者都_{卷一百三十一}即完者拔都_{卷一百三十三}。

石抹也先_{卷一百五十}即石抹阿辛_{卷一百五十二}。

阿答赤_{见卷一百三十二}《杭忽思传》又别立传_{卷一百三十五杭忽思改为昂}

和思。

忽刺出见卷一百二十二《直脱儿传》又别立传卷一百三十三。

昂吉儿见卷一百二十三《也蒲甘卜传》又别立传卷一百三十二。

重喜见卷一百二十三《塔不已儿传》又别立传卷一百三十三。

阿术鲁卷一百二十三又附见《怀都传》卷一百三十一。

谭澄见卷一百六十七《谭资荣传》又别立传卷一百九十一。

②编次失宜

列传第三十以下三卷卷一百四十四以下已载元末死事诸臣泰不华、余阙等传，乃列传第三十三卷一百四十六以后又以开国时耶律楚材、刘秉忠、史天倪、张柔、张弘范等传编入，几于前后倒置。显系第二次修成诸传，仓卒编入，未暇详细校核也。

③列传诸人详略失宜

列传第三十二以前多蒙古人，第三十三以下多中国人，而又详于文人，盖以文人各有传志之类存于世，而蒙古人无之，故无从搜括也。《日知录》谓顺帝时无《实录》可征，因未得为完书，上复诏议曹遣使行天下，其涉于史事者，令郡县上之。第二次开局复成传三十六卷，凡前书有所未备，颇补完之。郡县所上，自必文人传志之类，惟耶律楚材、张弘范诸人皆元代开国名臣，竟遗落于第一次所成之书中，其草率甚矣。

④列传所记事实多误

此亦由于仓卒成书，未能检核之故。如：

《史天泽传》谓太宗三峰山战胜后即北还，留睿宗总兵围汴。《塔察儿传》《睿宗传》知睿宗与太宗同北归，未尝留围汴京。《天泽传》误。

《阿塔海传》谓宋殿帅张彦与都统刘师勇袭吕城，遣怀都击之，斩彦。按《怀都传》《忽刺出传》，张彦被生擒，未尝被杀。《阿塔海传》误。

《董文炳传》谓宋将张世杰焦山战败，走入海，文炳舟小，不能入海，乃还。按《宋史》张世杰及刘国杰等传，世杰战败，奔据圌山，后由海道追二王于浙东，非由焦山即入海也。

此类甚多，可参阅《廿二史考异》及《廿二史札记》。

⑤列传详记月日

以事系日，以日系月，以月系年，此本纪体也。至列传则视其事之大小繁简以为详略，不必拘拘于时日之细，惟《元史》则不然。中统以前，未有年号，则以甲乙纪岁，如：

《张荣传》"丙戌，东平、顺天皆内属""辛卯，军至河上"之类是也。

中统以后，则以年号纪岁。如：

《来阿八赤传》"至元十八年，开运河""二十一年，调征东招讨使""二十二年，授征东宣慰使"之类是也。

并有以月记者，如：

《阿塔海传》"至元九年五月，霖雨"，十二年"十二月，师次建康"之类是也。

更有以日记者，如：

《伯颜传》"十月戊午，斩郢将赵文义，擒范兴。甲子，次沙洋。乙丑，遣官招降守将王虎臣等，不应，遂攻获之。丙寅，次新城。丁卯，吕文焕至城下招降，中飞矢奔还"之类是也。

更有不以甲乙记日而但以一二数记者，如：

《日本传》"至元十八年征日本。六月，入海。七月，至平壶岛。八月一日，风破舟。五日，文虎等择舟之坚好者遁归，弃士卒十余万于山下。七日，日本人来，尽杀之，不杀者虏为奴"之类是也。

⑥附传得失

附传所记之事嫌重复者，如：

《按竺迩传》已详述家世，而其孙《赵世延传》复重叙之。

《月乃合传》传末叙曾孙马祖常事，而祖常实自有传。

《直脱儿传》详载其从子忽刺出事，而忽刺出亦自有传。

《杭忽思传》详载其子阿塔出事，而阿塔出亦自有传。

此皆由于修史者不暇彼此删订也。

其叙述得宜者，如《兀良合台传》详载其子阿术从征云南、交趾等功，而《阿术传》则专叙灭宋功绩，一则代父立功，一则为国出力，因不嫌其两传。

《察罕帖木儿传》附其子《扩廓帖木儿传》，扩廓在《明史》入群雄中，而其人究为元季一大关系之人，不得因其应入《明史》，遂不为立传。而系察罕之子，又不必另立一传，故以其元季事迹，附传于父之后，而他日与明争战之事则不书，此最为位置得宜也。

⑦人名不画一 《元史》中触处皆是，不可胜举。地名亦多歧互。

速不台 另一传作雪不台，又作唆伯台 按《札儿传》。

八思巴 自有传 又作八合斯八 本纪及《阿尼哥传》，又作八哈思巴 《萨理传》。

和礼霍孙 自有传 又作火鲁霍孙 《刘正传》，又作和鲁火孙 《昂吉儿传》。

肖乃台 自有传 又作笑乃犉 《史天泽传》，又作笑乃带 《王玉传》。

⑧列传中同名之人

帖木儿不花 一在卷一百一十七，一在卷一百三十二。

脱脱 一在卷一百一十九，一在卷一百三十八。

伯颜 一在卷一百二十七，一在卷一百三十八，一在卷一百九十。

和尚 一在卷一百三十四，一在卷一百三十五。

张荣 一在卷一百五十，一在卷一百五十一。

太不花卷一百四十一。泰不华卷一百四十三。

〔5〕李善长等《进元史表》云："《元史》本纪四十七卷，志五十三卷，表六卷，传九十七卷，目录二卷，通计二百十卷。凡一百三十万六千余字。"

据此表所称卷数计之，实止二百五卷。《日知录》元史条引宋濂序云，"洪武元年十二月，诏修《元史》，臣濂、臣祎总裁。二年二月丙寅开局，八月癸酉书成。纪三十七卷，志五十三卷，表六卷，传六十三卷"。顺帝时无《实录》可征，因未得完书。上复诏议曹遣使行天下，其涉于史事者，令郡县上之。三年二月乙丑开局，七月丁亥书成。纪十卷，志五卷，表二卷，传三十六卷。凡前书有所未备，颇补完之。据宋濂序知第二次所成纪十卷，即《顺帝纪》也。合之第一次所成之三十七卷，为本纪四十七卷。志续成五卷，当即五行二、河渠三、祭祀六、百官八、食货五之五卷。表续成二卷，当即三公二、宰相二之二卷。传续成三十六卷，当即第三十三以后诸卷，略有归并，故合之先成之六十三卷成九十七卷，总计得二百十卷。目录二卷除外。李善长《进元史表》上于洪武二年八月十一日，其卷数当为第一次所成之卷数，修史者既改于本纪，而志表则仅分上下，未改其卷数，遂致讹误。此虽小节，实亦草率，宜《日知录》讥宋、王二公与赵君不得免于疏忽之咎矣。《日知录》云：总裁仍濂、祎二臣，而纂录之士，独赵壎终始其事，然则《元史》之成，虽不出于一时一人，而宋、王二公与赵君亦难免免于疏忽之咎矣。

章学诚《信摭》云："《元史》二百三卷，而纪志先去其百，不待观书而知其无节度矣。"章氏据总目卷数，改二百十卷为二百三卷，似未细检卷数而率改之。

〔6〕洪武二年得元十三朝《实录》，命修《元史》，以宋濂及王祎为总裁。二月开局天宁寺，八月书成。而顺帝一朝，史独未备，

乃命儒士欧阳佑等，按是时采书之官，欧阳佑外有黄盅、危於矱、吕复诸人。往北平采其遗事。明年二月，诏重开史局，阅六月书成。明人多不满其书，解缙作《正误》，许浩作《弼违》，皆有所抉摘。《日知录》复举赵子昂诸传，备书上世赠官，仍志铭之文，不知芟削。《河渠志》言耿参政，《祭祀志》言田司徒，引案牍之语，失于剪裁。《曝书亭集》又谓其急于成书，故前后复出，因举其一人两传者，条其篇目，为仓卒失检之病。然《元史》之失，不仅在急于成书也。当时重开史局，徐一夔与王袆书云"近代论史者，莫过于日历，日历者史之根柢也。至起居注之设，亦专以甲子起例，盖纪事之法，无逾此也。元则不然，不置日历，不置起居注，独中书置时政科，遣一文学掾掌之，以事付史馆，及易一朝，则国史院据所付修《实录》而已。其于史事，固甚疏略，幸而天历间虞集仿《六典》法纂《经世大典》，一代典章文物粗备。是以前局之史，既有十三朝《实录》，又有《经世大典》，可以参稽，麤而成书。若顺帝二十六年之事既无《实录》可据，又无参稽之书，惟凭采访以足成之，窃恐事未必核，言未必驯，首尾未必贯穿也"。据此，则修《元史》者，取材之书已极其略，而又迫于时日，苟且塞责，其文章之丛脞，事迹之决裂，又奚足怪乎？《南江书录》。

《十驾斋养新录》云："《五行志》胡翰撰，其序论载文集中。《外国传》则宋禧撰。《静志居诗话》载其寄宋学士诗云：'修史与末役，乏才愧群贤。强述外国传，荒疏仅成篇。'谓自高丽以下悉其手笔，然此数篇最为浅率，观其寄潜溪诗，则荒疏之病，无逸固未尝自讳也。"

〔7〕《元史》纂修始于洪武二年，以二月丙寅开局，八月癸酉告成，计百八十八日。其后续修顺帝一朝，于洪武三年二月乙丑再开局，七月丁未书成，计一百八十三日。综前后仅三百有十一日，

古今史成之速，未有如《元史》者；《宋书》八月而成，然本之徐爰，完功自
易。而文之陋劣，亦无如《元史》者。盖史为传信之书，时日促迫，
则考订必不审，有草创而无讨论，虽班、马无以见长，况宋、王词
华之士，征辟诸子，皆取自草泽，迂腐而不谙掌故者乎？《南江书录》
云：唐宋官修之史，必先定其体例，而后分曹授简，荟萃成书。观于《元史》，则似随
辑随编，曾无定例。

〔8〕《元史》疏漏至多，不可胜举，略如：

木华黎、博尔术、博尔忽、赤老温四人事功相同，而赤老温独
无传。

成吉斯建国号为大蒙古，不见于纪。孟珙《蒙鞑备录》谓先有蒙古斯
国，雄于北边，后绝衰灭。成吉斯起事，慕蒙为雄国，乃称大蒙古国。

丞相之名见于表者五十九人，立传者不及半数。

《元史》繁复之病亦极多，略如：

本纪中详记旌表列女。《列女传》谓女妇之能以行闻于朝者多矣，不能尽
书。而纪详书之，更非体矣。

《世祖纪》中统二年封皇子真金为燕王，三年又书封皇子真金
为燕王。本纪中叙事重复甚多。

《后妃传·太祖光献翼圣皇后弘吉剌氏传》，特薛禅从征有功，
有旨生女为后，生男尚公主，世世不绝。此文又见《特薛禅传》。

〔9〕《元史》取成促速，随辑随编，曾无定例。其凡例寥寥五
条，并无精义。末条云："历代史书纪志表传之末，各有论赞之辞，
今修《元史》，不作论赞，但据事直书，具文见意，使其善恶自见，
准《春秋》及钦奉圣旨示意。"修史诸臣敷衍避祸之情，于此显然
可见。

新元史

《新元史》，本纪二十六[1]，表七[2]，志七十[3]，列传一百五十四[4]，共二百五十七卷[5]，清胶州柯劭忞撰[6]。

[1] 本纪二十六卷，列之如下：

①序纪一卷　　　　　　　②太祖二卷

③太宗一卷　　　　　　　④定宗一卷

⑤宪宗一卷　　　　　　　⑥世祖六卷

⑦成宗二卷　　　　　　　⑧武宗一卷

⑨仁宗二卷　　　　　　　⑩英宗一卷

⑪泰定帝一卷　　　　　　⑫明宗一卷

⑬文宗二卷（下卷与宁宗合卷）

⑭惠宗四卷（第四卷与昭宗合卷）

[2] 表之目凡五：

①宗室世系一卷　　　　　②氏族二卷

③三公一卷　　　　　　　④宰相一卷

⑤行省宰相二卷

[3] 志之目凡十三：

①历七卷　　　　　　　　②天文二卷

③五行三卷　　　　　　　④地理六卷

⑤河渠三卷　　　　　　　⑥百官九卷

⑦选举四卷　　　　　⑧食货十三卷

⑨礼十卷　　　　　　⑩乐四卷

⑪舆服三卷　　　　　⑫兵四卷

⑬刑二卷

〔4〕列传首为后妃传一卷，次为列祖诸子，及太祖以下诸帝诸子传列传第二至第十一，以下为诸臣列传。自列传第一百二十二至一百二十四凡三卷，为韩林儿、张士诚等元末揭竿起事之人，列传第一百二十五为《帖木儿传》，史臣曰：蒙古三大汗国，帖木儿灭其二，惟求赤之后，堇有存者。《明史·西域传》略见帖木儿本末，然挂漏已甚，故论次其事著于篇。蒙古人而别建国于西域，且将大举伐明者也。自列传第一百二十六以下，则为：

①循吏一卷　　　　　②忠义四卷

③儒林三卷　　　　　④文苑二卷

⑤笃行二卷　　　　　⑥隐逸一卷

⑦艺术一卷　　　　　⑧释老一卷

⑨列女三卷　　　　　⑩宦者一卷

⑪云南、湖广、四川等处蛮夷

⑫外国九卷

〔5〕二百五十七卷外，另有《目录》一本，《正误表》一本。铅印本《新元史》讹字颇多，虽有此表，仍未能悉加校正。如《帖木儿传》："初帖木儿幼时适于野，见小虫绿草而止，屡堕不已，卒至茎端。叹曰，人之临事，当如是矣。""绿"系"缘"之误，"虫"系"蟲"之误，"止"系"上"之误，"己"系"已"之误，《正误表》仅改正"绿"字。

〔6〕柯先生，字凤荪，山东胶州人，修《新元史》三十年始成。其署衔称"赐进士出身日讲起居注官翰林院侍读国史馆纂修"，

故论赞称"史臣曰"。

附日本东京帝国大学文学部东洋史学系教授会柯劭忞《新元史》审查报告

本论文名为《新元史》，由本纪二十六卷，表七卷，志七十卷，列传一百五十四卷而成。计共二百五十七卷，合为五十九册，外附目录一册，系修改中国"二十四史"之《元史》而成者。

《元史》系有明初年太祖敕当时文臣宋濂、王祎等编纂之书。有元一代，虽不过百年，而政治势力所及，极其广大，几跨亚、欧二洲。《元史》编纂之时，上距元末仅二三年，史料之搜集尚未完全。前后开史馆二次仅费三百余日，创始失之过早，竣功失之过促，疏漏舛错之多，在所不免。史料取舍之不当，叙述繁简之失宜，固亦应有之事也。其书初脱稿时，已有非议之者，太祖欲修改之，未果。清初，经大儒顾炎武、朱彝尊之指摘，其芜杂纰漏之处，益公表于世。邵远平著《元史类编》四十二卷，大加纠正删补，是为后儒修改《元史》之权舆。乾隆年间钱大昕亦曾修改《元史》，仅成《艺文志》及《氏族表》一部分而止。道光、咸丰年间，魏源著《元史新编》九十五卷，从来之面目为之一新，未及完稿而辍事，后人代为补辑，始公表于世。以上各种著作，对于《元史》之改订增补，虽卓有相当成绩，然未能采用西方史料，对于关系西域之记事，仍多付阙如。光绪年间，洪钧重译纂录拉西脱、多孙等诸家之书，以补其阙漏，名为《元史译文证补》。然有目无篇尚多，不得称为完书。其后屠寄作《蒙兀儿史记》，参照《元朝秘史》及西方史料，证以实地之调查，对于《元史》大加补订。然完全脱稿者，仅本纪、列传、世系表及《地理志》一班，其余有目无篇者仍不少。著者柯君承袭诸家之后，参考诸家之著述，修考《元史》，表面上似乎易于成功；实际上则等于当群雄割据迭兴之后，而成统一之功，其为难处，正自不少也。

详观本论文之体例，本纪、表、志、列传等之先后次序虽与旧史无异，至于细目，则不同之处甚多。例如本纪中自太祖以前，定为《序纪》，改《顺帝纪》为《惠宗纪》，新补入《昭宗纪》。表中并《宗室世系表》及《诸王表》为一，名《宗室世系表》。志中分《礼乐志》为二，名《礼志》《乐志》，合《祭祀志》《舆服志》为一，名《舆服志》。列传中虽遵照旧例，因时代之先后，立文武诸臣传，但其分类法微有变更，分《儒学传》为《儒林》《文苑》二传，改《良吏传》为《循吏传》，《孝友传》为《笃行传》，删去《奸臣》《叛臣》《逆臣》三传，新加入《夷蛮传》等，皆其例也。详观其文章，虽间有采录旧史之处，然大部分由著者之手笔构成。故体裁与旧史微有不同，文章与旧史几乎全异。更就其内容与《旧史类编》等比较，知纪、传、表、志中增订整顿之处极多，试举其特色于下：

第一，参照西方之史料，如拉西脱、多孙等诸家之著作以补旧史之阙漏，正旧书之误谬是也。著者虽未必阅过原书，然当然读过译本。例如卷首《序纪》中，录开国传说之异闻，与研究未开化民族者以好资料。又如将太祖以下四帝之本纪，与《外国传》之后半，及速不台、者别、耶律楚材以下之诸传，联合参考，可以证明经略西域之本末。又如《氏族表》中，分蒙古民族为黑白野三答答儿，将根据《元朝秘史》为蓝本之钱氏《氏族表》推翻，提供新史料。此外如改新《宗室世系表》，使几近于完全。详叙西方三大藩察合台汗、钦察汗、伊儿汗之盛衰兴亡。又于特薛禅、阿剌兀思剔吉忽里、巴而术阿而忒的斤、汪罕、太阳汗诸传中，叙明翁吉剌、汪古、畏五儿、客列亦、乃蛮等诸民之传说沿革。又载录绰儿马罕、贝住成帖木儿、阿儿浑、牙剌洼赤等诸传等。皆受西方史料之赐也。

第二，参考蒙古史料之《元朝秘史》，以补订旧史之阙是也。《秘史》经李文田、高宝铨等校注，又经那珂通世之重译考证，成为《成吉斯汗实录》。魏源《元史新编》虽采用《秘史》，然对于开国人杰中博尔忽、赤老温二人事迹，其为失考。屠寄《蒙兀儿史记》中，虽参考《秘史》以补纪传之处甚多，然仍有不足之处。著者特置重于《秘史》，自博尔忽、赤老温列传起，补订前史脱误之处甚多。又新添太祖之敌人，如札木合、王罕、太阳汗等，及其创业之功臣，如者勒蔑、答阿里台、亦鲁该等二十余人列传。对于太祖之功业，胪列详明，毫无遗憾，皆利用《秘史》之结果也。

第三，参照中国史料《经世大典》之一部如《国朝典章》等，以增补旧史之阙是也。邵远平《元史类编》，虽有似乎参考《大典》，魏源之《元史新编》则似全未顾及。著者采用此书，使志类之面目一新，如《百官志》之末，补入覃官、封赠、荫官、注官、守阙、起任程限、给假、丁忧、任养等。又如《兵志》中关于马政，加入和买马、括马、抽分羊马三项，又加入军粮一门。《刑法志》中屡引《至元新格》以下之条文。《名刑篇》之末，补入狱具及其他载以下条格、断例、诏制三者之定义等。又如《食货志》中自至元二十三年颁行之《立社规条》起以后凡关于社之法令，无不备载，又辑补关于盐茶酒醋市船四课，及和籴干脱钱官钞法之通行画缗钞钱法等之资料，海运之条，占去一卷。赈恤之条，对于内外诸仓、常平义仓二项，亦大加增补。凡此皆旧史之远不及也。

细考从来修改《元史》之诸书：邵氏《类编》，节略旧史本纪之文，而辑补历代诏诰制册，与诸帝之嘉言懿行等。根据《经世大典》《国朝典章》，及说部文集等，随处加以注释，增加列传之人物，载录重要奏疏。其修改旧史之功虽不可没，然而既缺表、志，又其他记载稍失之繁冗，夹注立传之分目失之过多，附载西域之条下，列举汉、唐以来诸国名，略叙其沿革等，亦稍嫌琐碎，皆其阙点也。魏氏《新编》，虽分本纪、列传、表、志，具有正史体例；然其中有后人补修者，有有目无传者，有有传而以旧史《类编》之文补充之者。其中采用《秘史》之处，如补《太祖本纪》纪事，又增列传之分目，补订《宰相表》，加入钱氏《氏族表》，又于志类中，亦有增补改编之处，如分《礼乐志》为二，更加入钱氏《艺文志》是也。其文章雅洁，论断明快，自为特色。然而删略旧史之处太多，对于贵重史实，不无挂漏。以上二书虽互有长短，然对于关于西域方面之记事，则全付阙如。洪钧之《元史译文证补》，屠寄之《蒙兀儿史记》，虽着手加入《西域史记》，然皆未完成而中止。试以《新元史》与以上诸君比较，对于整理旧史之芜杂，补订旧史之缺漏二点，的确远胜于诸书。《元史》之改修，庶几可谓已达其目的，宜乎中华民国政府，以大总统令，使之加入正史中也。

虽然，本论文中亦尚不无可指摘之点。

第一，取舍添删之处尚有未尽得宜者。例如删略本纪之繁冗，或编入于志、表中等，虽不得谓为失当，然而关于禁止汉人武器之记事，可以证明蒙古对汉政策之一斑，本论文则一概省略之。《艺文志》可以征一代之文献，钱氏补述于前，魏氏采取于后，本论文亦一概删除之。又于《释老传》中，仿照旧史，补入数人自当认为得当。而如阙也里可温之记事，仅录载于本纪中，而不补载基督教传教师柏朗嘉宾、高未诺之小传。又关于库鲁泰及怯薛社会阶级等之制度，较之《元史新编》所载，并未加增，此其遗憾一也。

第二，考证究属尚有未尽之处。例如《太祖本纪》中，所记参加征伐塔塔儿金军之年次，定甲寅明昌四年，又如太祖自西域班师，还幸哈喇屯行宫之地点，误书和林行宫。《地理志》中，误以为分乃蛮故地定四大斡耳朵。开元路之治所，误以为即金之会宁府。又于本纪及列传中，误以蒲鲜万奴最后之根据地为会宁府。此其遗憾二也。

　　要之，本论文虽有二条遗憾，而不能掩其三大特色。改修《元史》一节，为向来史学家屡作而未成之事，著者以平生之苦心毅力，成此大著，不可谓非千秋不朽之盛业也。《元史类编》之长处在博引旁搜，其短处在烦琐冗漫。《元史新编》之长处在文章雅洁，论断明快，其短处在记事简略，史实不备。本论文兼有二书之长而无二书之短，自非学识该博，精力绝伦，安能得此。依据以上理由，认为著者有可受文学博士学位之资格。

明　史

《明史》，本纪二十四卷[1]，志七十五卷[2]，表十三卷[3]，列传二百二十卷[4]，凡三百三十二卷，清张廷玉等修[5]。此书修成阅时六十余年，故体例既善，舛误极少，良史也[6]。

〔1〕本纪二十四卷，列之如下：

①太祖三卷　　　　　　②惠帝一卷

③成祖三卷　　　　　　④仁宗一卷

⑤宣宗一卷　　　　　　⑥英宗前纪一卷

⑦景帝一卷　　　　　　⑧英宗后纪一卷

⑨宪宗二卷　　　　　　⑩孝宗一卷

⑪武宗一卷　　　　　　⑫世宗二卷

⑬穆宗一卷　　　　　　⑭神宗二卷，第二卷附光宗

⑮熹宗一卷　　　　　　⑯庄烈帝二卷

朱彝尊《史馆上总裁第二书》谓史馆急务，莫先聚书，请搜括天下公私书籍，庶其文其事，皎然可寻，于以采撰编次，本末俱备，成一代之完书。其议既行，聚书极富。故如《太祖本纪》大概多本之《实录》，及《御制皇陵碑》《世德碑》《纪梦文》《西征记》《平西蜀文》《周颠仙人传》。此外则《皇明祖训》《皇朝本纪》等书，无虑数十百种，类皆资其采掇。然使抉择不精，如《南》《北》

史徒搜异闻，以炫人耳目，往往转至失实；《明史》则博览群书，而必求确核，盖取之博而择之审，洵称良史。不参观于各家记述，不知修史者订正之苦心也。故如《太祖本纪》句以下节取《廿二史札记》语。

《英宗本纪》分前后二卷卷十、卷十二，中为《景帝纪》卷十一，位置最宜。

〔2〕志之目凡十五：

①天文三卷 ②五行三卷

③历九卷 ④地理七卷

⑤礼十四卷 ⑥乐三卷

⑦仪卫一卷 ⑧舆服四卷

⑨选举三卷 ⑩职官五卷

⑪食货六卷 ⑫河渠六卷

⑬兵四卷 ⑭刑法三卷

⑮艺文四卷

《四库提要》云诸志一从旧例，而稍变其例者二：《历志》增以图，以历生于数，数生于算，算法之勾股面线，今密于古，非图则分剖不明。《南江书录》云："《历志》中明郭守敬之法，而兼及徐光启所修历书，盖光启之书，虽未行而会通中西之历，所以垂法也。"《艺文志》惟载明人著述，而前史著录者不载。其例始于宋孝王《关东风俗传》。刘知幾《史通》又反覆申明，于义为允，唐以来弗能用，今用之也。《南江书录》云："《艺文志》只载明人之著作，而不考古书有亡之源委，以明代秘书尽亡，无从取征也。"

〔3〕表之目凡五：

①诸王五卷 ②功臣三卷

③外戚一卷 ④宰辅二卷

⑤七卿二卷

《四库提要》云："表从旧例者四……创新例者一，曰七卿，盖明废左右丞相，而分其政于六部，而都察院纠核百司，为任亦重，故合而为七也。"

〔4〕列传第一、第二为《后妃列传》。第三为《兴宗孝康皇帝》《睿宗献皇帝列传》。按《传赞》曰："据《元史》裕宗、睿宗列传之例，别为一卷，而各以后附焉。"第四至第八为《诸王列传》。第九为《公主列传》。第十至第十一为郭子兴、陈友谅、扩廓帖木儿等传，皆元末称雄之人，犹《汉书》为胜、广、项籍立传也。自第十三以下，为诸臣列传。其以种类为标题者，有：

①循吏_{一卷}　　　　②儒林_{三卷}

③文苑_{四卷}　　　　④忠义_{七卷}

⑤孝义_{二卷}　　　　⑥隐逸_{一卷}

⑦方伎_{一卷}　　　　⑧外戚_{一卷}

⑨列女_{三卷}　　　　⑩宦官_{二卷}

⑪阉党_{一卷}　　　　⑫佞幸_{一卷}

⑬奸臣_{一卷}　　　　⑭流贼_{一卷}

⑮土司_{十卷}　　　　⑯外国_{九卷}

⑰西域_{四卷}

《四库提要》云："列传从旧例者十三_{按当云十四}。创新例者三：曰《阉党》，曰《流贼》，曰《土司》。盖貂珰之祸，虽汉唐以下皆有，而士大夫趋势附膻，则惟明人为最夥，其流毒天下亦至酷，别为一传，所以著乱亡之源，不但示斧钺之诛也。闯、献二寇至于亡明，剿抚之失，足为炯鉴，非他小丑之比，亦非割据群雄之比，故别立之。至于土司，古谓羁縻州也。不内不外，衅隙易萌，大抵多建置于元，而滋蔓于明，控驭之道，与牧民殊，与御敌国又殊，均自为一类焉。"

张廷玉《进明史表》云："发凡起例，首尚谨严；据事直书，要归忠厚。曰纪曰志曰表曰传，悉仍前史之体裁；或详或略或合或分，务核当时之心迹。文期共喻，扫艰深鄙秽之言；事必可稽，黜荒诞奇邪之说。"表文所云，实非自夸。《明史》撰述诸臣，皆当时鸿博之士，又得优裕之岁月，审慎稽核，宜称良史。至于易代之际，曲笔不免，异族入据，忌讳更甚，旧史皆然，正不必为《明史》尤也。兹采取《廿二史札记》《陔馀丛考》所论《明史》优点条举如下：

①排次得当

《明史》立传，各随时代之先后，除徐达、常遇春等子孙即附本传，此仿《史记》《汉书》之例，以叙功臣世次。杨洪、李成梁等子孙亦附本传，则以其家世为将，此又是一例。至祖父子孙各有大事可记者，如张玉、张辅父子也，而一著功于靖难，一著功于征交，则各自为传。以及周瑄、周经，耿裕、耿九畴，杨廷和、杨慎，瞿景淳、瞿式耜，刘显、刘綎等，莫不皆然。其无大事可记者，始以父附子，以子附父。如何文渊先叙于其子《何乔新传》首，刘仁宅先叙于其子《刘大夏传》首，此以父附子也。《林瀚传》后附其子廷机及孙濂，《许进传》后附其子诰、赞、诗、词、论，此其子附父也。其他又有稍变通者，徐寿辉僭号称帝，应列群雄传，而以其不久为陈友谅所杀，则并入《友谅传》，而寿辉不另传。姚广孝非武臣，而以其为永乐功臣之首，则与张玉、朱能等同卷。黄福、陈洽等皆文臣，柳升、王通等皆武臣，而以其同事安南，则文武同卷。秦良玉本女土司，而以其曾官总兵，有战功，则与诸将同卷。李孜省、陶仲文各擅技术，应入《方伎传》，而以其借此邀宠，则另入《佞幸传》。此皆排次之得当者也。

②编纂得当

自《宋史》数人共事者，必各立一传，而传中又不彼此互见，一若各为一事者，非惟卷帙益繁，亦且翻阅易眩。《明史》则数十人共一事者，举一人立传，而同事者即各附一小传于此人传后，即同事者另有专传，而此一事不复详叙，但云"语在某人传中"。如孙承宗有传，而柳河之役，则云"语在《马世龙传》中"。祖宽有传，而平登州之事，则云"语在《朱大典传》"是也。否则传一人而兼叙同事者，如《陈奇瑜传》云"与卢象升同破贼乌林关等处"，《象升传》亦云"与奇瑜同破贼乌林关等处"是也。甚至熊廷弼、王化贞，一主战，一主守，意见不同也而事相涉，则化贞不另传而并入《廷弼传》内。袁崇焕、毛文龙，一经略，一岛帅，官职不同也而事相涉，则文龙不另传而并入《崇焕传》内。此编纂之得当也。

③附传得宜

《明史》事多而文省，最为简密，其法之尤善者，莫如附传之例。如《扩廓传》附蔡子英等，《陈友定传》附靳义等，《方孝孺传》附卢原质等，以其皆抗节也。《柳升传》附崔聚等，以其皆征安南同事也。《李孜省传》附邓常恩等，以其皆技术宠幸也。至末造殉难者，附传尤多。如《朱大典传》附王道焜等数十人，《张肯堂传》附吴钟峦等数十人，而《史可法传》既附文臣同死扬州之难者数十人，若再附武臣则篇幅太冗，乃以诸武臣尽附于《刘肇基传》。以及《忠义》《文苑》等，莫不皆然。又《孝义传》既据其尤异者各为立传，而其他曾经旌表者数十百人，则一一见其氏名于传序内。又如正德中谏南巡罚跪午门杖谪者一百四十余人，嘉靖中伏阙争大礼者亦有一百四五十人，皆一一载其姓名。盖人各一传，则不胜传，而概删之则尽归泯灭，惟此法不至卷帙浩繁，而诸人名姓仍得见于正史，此正修史者之苦心也。又《高倬传》后附书南都殉难者张捷、杨维垣、黄端伯、刘成治、吴嘉允、龚廷祥六人，而所附小传但有端伯以下四人，捷、维垣独缺，则以此二人本阉党，其事已见各列传中，不屑为之附传，此则附传中又自有区别，益以见修史之斟酌不苟也。

④用心忠厚

《进史表》云："据事直书，要归忠厚。"又云："务核当时之心迹。"故如诸臣有关于国之兴替，事之功罪，则轻重务得其平。如李东阳、徐阶、高拱、张居正、沈一贯、方从哲、熊廷弼、袁崇焕、陈奇瑜、熊文灿、杨嗣昌等，功罪互见，枉幸并呈，几于无一字虚设，虽篇幅稍多，而非此不足以尽其曲折，执笔者不知几经审订而后成篇。此《明史》一书，实为近代诸史所不及，非细心默观，不知其精审也。

又《明史》立传多存大体，不参校他书，不知修史者斟酌之苦心。如刘基、徐达见忌于明祖见《解缙传》及《李仕鲁传》，而基、达二传略不及此。盖其时功臣多不保全，如二人之得保令终，已属仅事，故不复稍著微词。又如张辅从英宗北征，土木之难逃归自缢。陆粲《庚巳编》。辅本传但谓从英宗北征，死土木之难。盖辅四朝勋德，白首无间，故著其所优，而小疵在所略也。

⑤多载原文

《明史》于诸臣奏议，凡切于当时利弊者，多载之。如蒋钦之劾刘瑾也，沈炼、杨继盛之劾严嵩也，吴中行、赵用贤、邹元标之劾张居正也，杨涟之劾魏忠贤也，皆载其全文，不遗一字，此正修史者表彰深意。嘉靖中大礼之议，毛澄等之主考孝宗者，张璁、桂萼、方献夫等之主考兴献王者，各有一是，则并存其疏，使阅者彼此参观，而是非自见。此外如《李善长传》末载王国用为善长讼冤一疏，以见善长被诛之枉；《于谦传》末载成化中复官赐祭诰词，以见谦被害之冤；《熊廷弼传》末载韩炉请给其首归葬一疏，文情恺切，议论公平，廷弼功罪于此而定，更非漫焉抄入者，此可以见作史者之用意也。至如《扩廓传》载蔡子英上明太祖一书，《方国珍传》载詹鼎代作乞降一表，《明昇传》载杨璟谕降一书，则又以其文皆有先秦、西汉之风而并存之。阅者细心读之，可以知其去取之当矣。

〔5〕明末余姚黄宗羲辑《明史案》二百四十四卷。其《明史》立三例：①国史取详年月；②野史取当是非；③家史备官爵世系。又阅明人文集二千余家，成《明文海》四百八十二卷，典章人物，一代渊薮，《明史》规模，缔构于宗羲。其所著书关史事者，宣付史馆，史局大案必咨之。他如《赣州失事》《绍武争立记》《四明山寨记》《海外痛哭记》《日本乞师记》《舟山兴废》《沙定洲纪乱》《赐姓本末》各一卷，皆《明史》史料。弟子鄞县万斯同，博通诸史，尤熟于明代掌故，康熙诏修《明史》，徐元文为监修，延斯同至京师，以布衣参史局，诸纂修以稿至，主者皆送斯同覆审。元文后，张玉书、陈廷敬、王鸿绪等为总裁官，皆延请有加礼。《明史稿》五百卷，斯同所手定也。

《南江书录》云："先是，明人撰集故事者，或仅志一朝，或只举一事，闻见未周，事迹未备；郑晓《吾学编》、邓元锡《明书》、薛应旂《宪章录》、何乔远《名山藏》始有志于正史，汇累朝之诏诰与夫名臣言行之见于州郡志乘、诸家文集，脊萃成书。然晓等未尝得见《实录》，凡夫碑铭志状之虚辞，说部流传之讹舛，及年月先后、爵位迁除之乖互，皆懵然莫辨，毁誉失真，编排无法，识者病之。至王世贞《史料》始据《实录》以考正诸家之失，于类记之自相矛盾者，小说之凿空无据者，私家著述之附会缘饰者，连叙于篇，以资考订。然于众论之参差莫能折衷。至神宗以后，好事者喜谈掌故，而实无根柢，益多诞而不可信矣。"此明人所留史料也。至梨洲披沙简金，始具真确之史料；万氏绍述其学，而《明史》之规模大备。张廷玉《进史表》所谓"聚官私之纪载，核新旧之见闻，签帙虽多，抵牾互见。惟旧臣王鸿绪之史稿，经名人三十载之用心，进在彤闱，颁来秘阁，首尾略具，事实颇详"者，即万氏之所撰也。先是，张玉书任志、表，陈廷敬任本纪，王鸿绪任列传，至康熙五十三年，鸿绪传稿成，表上之。而本纪、志、表尚未就，鸿绪又加纂辑，雍正元年再表上。诏张廷玉等为总裁，即鸿绪本，选词臣再加订正。乾隆四年七月始进呈。计自康熙十八年开史局至是已六十一年，而后讫事，古来修史未有如此之日久而功深者也。至于开馆之始，任纂修者皆出身博学鸿词科，本明之遗士也，虽仕新朝，而故君之思未忘，措辞之间，必有斟酌，不仅黄、万二公以史事自任也。

〔6〕《明史》经数十年参考订正，或增或删，或离或合，故事益详而文益简，体例之谨严，文笔之雅正，可谓集前史之长，而尽去其短，洵无愧良史之称。即或稍有参差，如《太祖本纪》："元至正二十一年八月，帝自率舟师征陈友谅。戊戌，克安庆。壬寅，次湖口，败友谅于九江，克其城，友谅奔武昌。"《陈友谅传》《廖永忠传》同，是皆叙明先克安庆，乘胜克江州，走友谅也。而《刘基传》则谓未克安庆，径捣江州，与本纪、友谅诸传不符。据《赵德胜传》《仇成传》知戊戌但克安庆水寨，即径趋九江，仍留成等攻安庆，迨克江州而安庆亦已复。作史者不便琐屑分别，故以克安庆即系于戊戌耳。此类数事详《廿二史札记》刘基、廖永忠等传条。《乔允升传》"崇祯帝在位十七年，刑部易尚书十七人，薛贞以阉党抵死，苏茂相半载而罢"以下凡一百五十余字，亦见于《刘之凤传》末，并一字不改，此二传一在第二百五十四卷，一在第二百五十六卷，相隔止两卷，不及订正。盖卷帙繁多，纂修诸臣，未暇彼此参订故也。